啊，這味道

深入馬來西亞市井巷弄，
嚐一口有情有味華人小吃

陳靜宜——著・攝影

馬來西亞／西馬地圖

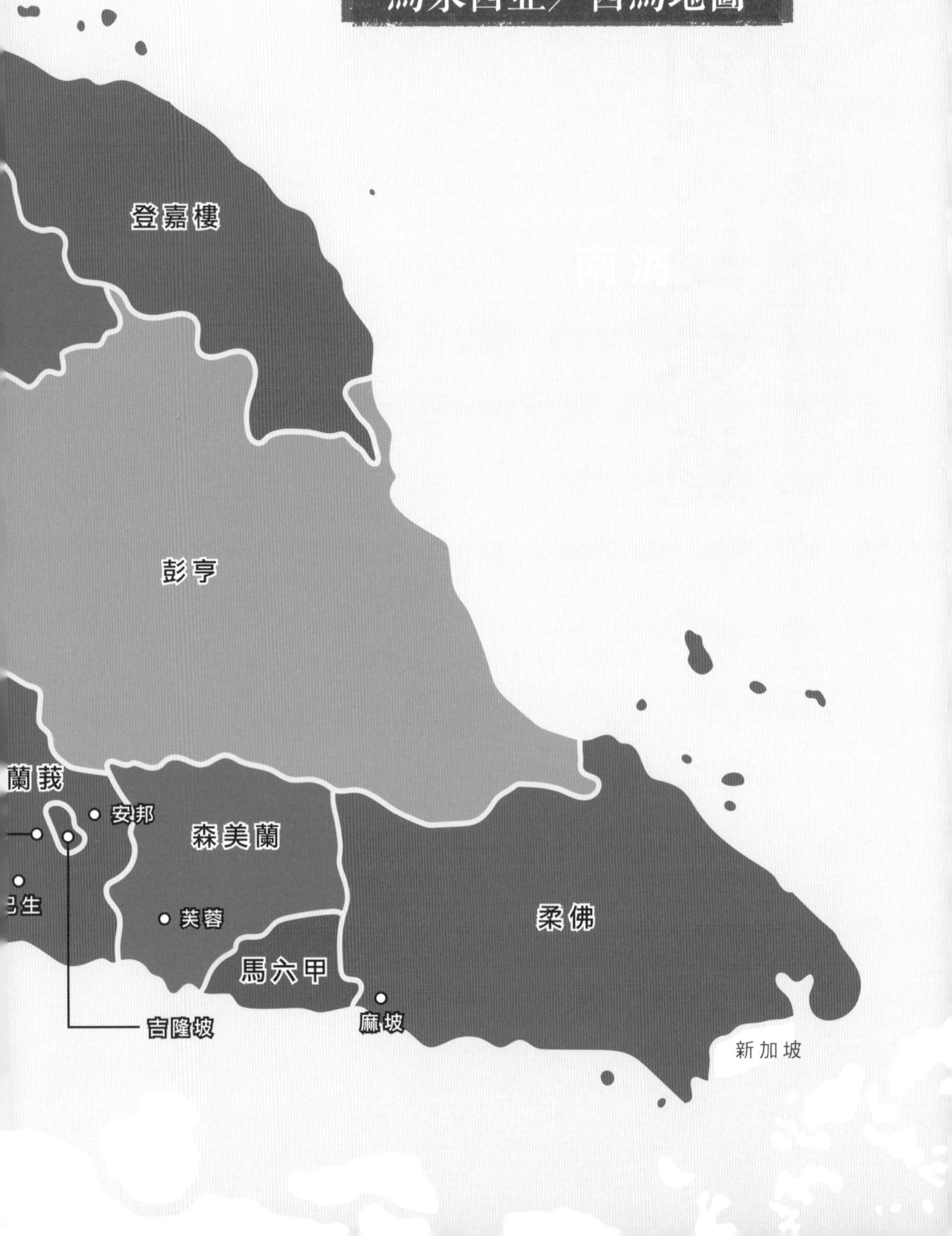

泰國
玻璃市
吉打
檳城
霹靂
太平
怡保
金寶
八打靈再也
印尼
越南
柬埔寨
菲律賓
泰國
西馬
新加坡
印尼
汶萊
沙巴
東馬
砂勞越
印尼

馬來西亞全圖

推薦序

啊，那似曾相識的味道……

葉怡蘭
飲食生活作家．
《Yilan美食生活玩家》網站創辦人

和馬來西亞結緣不深，雖陸續踏足過吉隆坡、檳城與馬六甲，然停留時間皆極短暫。但即使如此，曾在當地淺嚐過的各種華人小吃，不管是肉骨茶、雞飯粒、福建蝦麵、海南咖啡……卻奇妙地長留心版，久久不忘。

是的。一直以來，在我的旅行裡，從東亞到東南亞，我總是特別容易被這類料理吸引。只因，在這些似是相識卻又帶著些許陌生與新奇的滋味裡，點滴感受到，與臺灣食物相似的發展際遇——同受華漢文化沾被，帶有著中華料理基因；卻因落地生根於異地，揉合了在地季候、風土、食材以至生活方式，而脫胎換骨成另種樣貌、另番風味。特別是南洋一帶，許多影響明顯從福建渡海而來，更覺親切熟稔。

那是讓此刻正摸索、梳理、探究自我是誰為誰，屬於我們自己的身世故事、自己的味道、自己的脈絡、自己的歸屬究竟為何的臺灣子民如我，倍覺相契共鳴的樣貌與風味。

遂而此際，收到了靜宜這部新作，著實歡喜。

與靜宜雖無深交，但我們總是很容易在不同的餐桌上相遇，也常在報端上雜誌中以至臉書裡讀到她的文字與信息。

靜宜的書寫，分外流露著一種獨特的細膩與篤定。是深入窺看、理解食物的歷歷知識門道掌故後，方才沉穩發而為文的優美與自信。

所以，一直知道她長期醉心於馬來西亞的飲食風景，也一直盼著這系列文章得能快快問世。如今，細細展讀，果然一點不負所望！她深刻地看進了這些市井小食的源流、內涵與底蘊；淋漓盡致展現眼前，不只是食物本身的來龍去脈形色味香，還有我認為最令人動容的，孕育出這些美味的人的故事、面貌、表情、個性，以及投注此中的固執、堅持與熱情。

還有，透過食物，終究得能與所立足的那片土地緊密連結，活出自己、自己的滋味，也活出一段段發熱生光、自成一脈的食之史頁與版圖。

讀之大受感動熱血沸騰，同時垂涎難抑——這會兒，已經禁不住心癢難熬開始盤算，定得快快出發前往大馬，按圖索驥一家接著一家，痛快一償這已然高張的饞想。

推薦序

望文生味的跨界域飲食書寫

楊佳賢

馬來西亞飲食節目製作人

美味，是當下的定義，善變的動詞，天時地利人和缺一不可，卻沒有一個國際標準。既然善變，圍繞在飲食的真實故事，自然如同人體鈣質，會隨著時間而不停流失。

飲食採訪，不是純粹滿足口腹之慾，或建立個人的味覺權威與堡壘，更關鍵的意義在於對當下常民味覺情狀的觀察。每一個人與群體的吃食活動，構築成了庶民飲食生活的文化脈絡和時代意涵，是每一片土地裡長出來最原汁原味的活文化。美食文化的精神，本來就是兼容而非排他的，也因此飲食書寫的深層意義，往往不是使勁硬銷「唯一」最好吃的，而是呈現一種飲食文化上的「差異」。

陳靜宜的飲食書寫最為可貴之處，便是在行文脈絡中突顯了馬來西亞華人飲食文化的整體歧異和豐富內蘊。她以獨特的人文視角與審美觀，挖掘最能代表在地飲食精神的庶民美食，從不同的面向，深入探究料理的烹調技藝、樣式特色、食材挑選、吃食知識、歷史淵源、鄉土情感、異地變遷以及世代的差異，並嘗試與大中華地區帶有親屬關係的食物連結，鋪陳出跨越界域的美食家族系譜，讓人輕易地從舌尖窺探食物的遷徙與流變。

這種兼具飲食指南與口述歷史考究的飲食文類，在她的筆尖下卻如此貼近人心。她在描摹美食形貌和敘事者集體記憶的部分，融入了許多在地辭彙和語境，寫出了趣味和滋味，彷佛真實境況近於眼前一般，讓人望文生「味」，透過文字進行了一趟共享共感的體驗旅程。

此「味」絕非僅限於味覺，而是味蕾中蘊藏的人文感動，它更像一冊有情有味、綿密不絕的庶民飲食回憶錄，有了它，馬來西亞飲食文字紀錄，更臻完整。

推薦序

南洋味道裡的鄉愁

李舒

《民國太太的廚房》作者

我曾去福建、廣東一帶採訪，每個人家裡，都至少有一個南洋親戚。

福清的劉爺爺，至今不願意吃外面賣的五香捲。他堅持自己動手，因為那是父親最喜歡的食物。汕尾的王奶奶，九十多歲了，每日最重要的事情，就是在堂屋那張照片下，擺上新做的擂茶。她坐在院中，取了長長的擂棍，把茶葉、芝麻、花生、生薑、食鹽、山蒼子放到擂缽裡研磨，然後沖了開水，加上炒米，端給我喝。擂茶是鹹的，我顯然更愛她做的炒粿條。王奶奶說，不如爸爸做的好吃。

劉爺爺和王奶奶的父親，都下南洋去了。

下南洋，是人們在生存的絕望中選擇的希望之路。廈門鼓浪嶼上，曾經有一排又一排「豬仔」館，當年的「豬仔」，沿著階梯，一個一個下到船艙裡，踏上生死未卜的前程。當年流傳那首〈南洋吟〉，現在還有人在傳唱：「正月出門到如今，衫褲著爛幾下身。一心賺錢歸家使，不知惹債又上身。」

帶上岸的，除了血淚，還有鄉愁。食物，便是南洋「豬仔」們對於鄉愁最好的注解。一雙碗筷盛著淚水，照著月光，那是人們眼中的希望，希望可以照亮他們的歸家之路。

有的人回去了，有的人一輩子沒能回家，更多的人在這裡開枝散葉。留下的不僅是人，還有帶著濃烈故鄉印記的味道。二〇一五年，我曾經應新加坡旅遊局的邀請，去新加坡做一次有關「小販」中心的採訪，在麥士威熟食中心的中國街五香貫腸店裡，我找到了比福建本地人做得還要地道的五香捲。店面不大，賣五香捲、貫腸、蛋片、豆乾、豬肝和魚丸，可以配米粉，其中最出名的還是五香捲。五香捲是閩南家家戶戶逢年過節宴請親朋好友的必備頭盤，要用一種專門的豆皮，裹上剁碎的精肉、荸薺、蔥，包成如春餅的一條，下油鍋炸成焦黃，再切成段。上一代攤主黃國華有十個孩子。孩子們最害怕的是爸爸分配任務，兩個姐姐和媽媽一起學做五香，男孩子則做些攪肉之類的力氣活，連最小的弟弟都要負責擦桌洗碗，

「有時候攪肉慢了，爸爸就會罵，因為手上的熱氣傳給了肉，肉會發散，沒有咬勁。」孩子們曾經不能理解，爸爸為什麼要這麼努力呢？卻不知道，這一份努力，來自爸爸的爸爸，那是上一代南洋勞工，從血液裡帶來的勤奮。

陳靜宜的這本《啊，這味道》，採訪功夫扎實，寫作的節奏卻是輕盈的。看著那些或熟悉或陌生的海南咖啡、豬腸粉、炒粿條、粿條湯，腦海裡浮現的便是汕頭王奶奶的淚眼。她始終沒能再見到父親，只能每年從粿條、白切雞和擂茶裡，遙想當年父親在時的溫馨。

食物，是連接人心的紐帶，靜宜用一種樸實的方法，細細講來。讀這本書的心情是愉悅的，闔上書，突然想起《西遊記》第八十五回，豬八戒對南山大王手下小妖說：「待我一家家吃將過來。」

自序

寫下美味，留住歷史

二〇一六年九月，馬來西亞八打靈再也的一家人氣店「陳明記燒臘麵家」裡，一如平時熱鬧，熙來攘往，我與大馬朋友Patsy坐在裡頭用餐。

她對我說了一個故事。她說以前經常和父親一起尋覓美食，得知一家叉燒名店「何榮記」被人頂走，她與父親原本就是何榮記的常客，正愁再吃不到好吃的叉燒，心想既然被人頂走，不妨給接手新店家一個機會，去試試看好了，兩人到店裡一嚐後大失所望，當下決定再也不要來光顧了。

幾年後，她父親有一天翻著報紙說：「妳老師報導了我們覺得很難吃的那家店呀。」Patsy不敢相信自己的耳朵，老師怎麼可能介紹那家雷店呢？父女倆認定老師不可能亂寫，幾番猶豫下決定再給那家店一次機會，於是再去了一次。

經過了幾年，店家或許是掌握到了調味訣竅，或許是改變了烹調技法，叉燒味道好得不得了，甚至超越之前的何榮記，他們很慶幸不僅沒有失去一家愛店，還因為老師而找回一家更棒的愛店。幾年後，Patsy的父親辭世，她仍然經常到這家店用餐，藉此懷念與父親共餐的記憶，並在內心告訴父親會連他的那份一起吃。

她口中的愛店正是我與她用餐的「陳明記燒臘麵家」，而「老師」指的就是大馬飲食作家林金城。我當下深深地受到震撼，擔任美食記者十多年的我，沒想過原來報導美食可能帶給別人生命那麼重大的意義。

之前林金城與我正準備聯手寫一本飲食書，他卻因病倒下，那天在陳明記用完餐，便是與Patsy驅車趕往醫院探視他。出書計畫戛然而止，我當時在內心暗自種下了一顆種子，我所能做的就是連他的份一起做下去，這便是《啊，這味道》這本書的緣起，也很高興出書前林金城已甦醒，並逐漸康復當中。

書寫過程遇到不少狀況，書還沒寫完就有店家搬遷他處，必須重新補拍補訪，還有店家無預警歇業，成了絕響。受到大環境快速變遷的影響，大馬許多傳統飲食面臨威脅與挑戰，失傳或轉型都是遲早的事，我曾經問林金城：「店都收了，介紹的內容不就變成無效資訊？」他說：「留得住的就留，留不住的就記錄。」我想這本書沒有過期的問題，留住的不僅有美味，還有歷史。

我要感謝在書寫過程中，提供我支持與幫助的關係動力學院創辦人夏惠汶、麗娟、高靜玉、Wayne、江俊嶙、小強、Eric，在出差期間代我照顧愛貓的Ivy、我的電腦醫生陳慶雲，以及諸多關心我的親友們。我還要感謝大馬的朋友張佩莉、黃昱樹、沂水閣主人曾昭智、大馬知食份子同學會的辜小龍、符芳裕、巫惠姍、Patsy，尤其是Jason與謝清雯，如果沒有你們就沒有這本書，並以此書向引領我進入馬來西亞飲食世界的林金城致敬。

但願，緣起不滅。

於二〇一七年十二月三十一日

目次

潮州粿條湯 Kuey Teow Soup 178

華人粥 Moi 196

華人沙嗲 Satay 222

廣東豬腸粉 Chee Cheong Fun 232

客家河婆擂茶 Hakka Tea Rice 248

附錄 266

前言

這個世界某些部分越來越往對立與分化的方向走，只因為對方跟我的想法不一樣，就想盡辦法消滅對方，好像只要那個不一樣消失了，就感覺比較放鬆安心。人們真正想要消滅的會不會並不是對方，而是那個不一樣？

然而我們明白這世界上沒有兩個人是一樣的，難道要讓自己一直活在不安之中？而世界不正因為有很多的不一樣，才顯得精彩有趣嗎？當我們處於一個越來越分裂的局勢中，真正需要的不是你死我活，而是合作，學習擁抱那個不一樣，才能讓自己變得更強大。男人與女人透過合作，經營一段愛的關係；商人們透過合作，共同創造商機；國與國透過合作，使雙方人民獲得更好的生活。

那麼該如何合作呢？想要合作首要必先理解對方，當人們被理解，心跟心就靠近了，雙方都釋出善意就有機會開始合作。那麼又該如何理解對方？我想透過飲食，是一個直接又相對容易的方法。

華人相連的命運

當我在馬來西亞嚐到華人食物時，我知道這個族群跟我一定有某種程度的關聯性。在臺灣吃到的雞捲、在廈門吃到的五香肉捲，到了大馬檳城被稱作滷肉；臺灣人引以為豪的擔仔麵，味道跟檳城蝦麵有點像又有點不一樣；臺灣的客家擂茶跟河婆擂茶，一個吃甜、一個吃鹹，這是怎麼回事？我迫切想要找出牽繫著我們之間那條隱形的線，一拉扯之下，不得了，簡直千絲萬縷。

我朝著線頭走，扯出了近代華工的血淚史。

清末有許多閩粵一帶貧困百姓被騙或選擇到南洋討生活，在出國前被關在一起，食物裝在一個大盆裡，放飯時任其圍盆搶食，他們有一個共同的名字——豬仔。《下南洋》一書提到，許多豬仔在未開船前即遭虐死，多被棄屍海灘，而上了船的豬仔，弱者投海自盡、強者聚眾抗暴。我每次想像那個畫面便感到無比悲傷，無論如何，沒有任何人應該這樣被對待。

這些歷經滄桑的華工展現生命無比韌性，他們活下來了，在新的土地上重新來過，原本懷抱著淘金返鄉夢，然而迫於大時代的無奈只得落地生根，此後也只能藉食物來思鄉了。透過這些手作的家鄉味填飽肚子、撫慰心頭，在印尼、泰國、越南、菲律賓等國，華人都對當地飲食造成不可抹滅的影響。

他們隨著時光終老，客死他鄉，下一代接手把味道守住、把生存顧好，活著正是最大的意義。這些食物對我來說，不僅是美味，還是華工美麗與哀愁的生命印記，大馬華人飲食不同於原鄉、不同於其他任何地方，因著這塊土地、這些人所展現出酸甜苦辣、悲喜哀懼的味道，獨一無二，無法被複製與取代，我想很值得被更多人關注與理解。

再回過頭來看臺灣，漢人當年勇渡黑水溝，「十去六死三留一回頭」，如此驚心動魄的生命經歷，那歷史脈絡與離鄉背井的苦楚，跟大馬華人不正是相通的嗎？再往底層走，臺灣人冒險犯難、不安恐懼、勤儉保守的基因，跟現在大馬華人與許多移民者不正也是相通的嗎？這或許就是我口中陌生中帶有熟悉、熟悉中又帶有陌生的味道吧。

不僅要吃，還要趕快吃

馬來西亞的三大種族為馬來人、華人與印度人，其中華人有七百四十萬人，約全國的二成三。或許有人會問：身為華人的我們到了海外，還要吃華人食物嗎？我認為馬來西亞可以說是中國華南傳統小吃最後一塊寶地，我不僅建議大家吃，還要趕快吃，理由有三：第一是基於族群生存的危機意識，馬來西亞華人對於傳統飲食保存得比其他華人地區好。在此可以品嚐到其他華人地區所沒有，或者原本有、卻因為時代變遷而消失的食物，就連香港人也會到馬來西亞找香港的老味道，那種感覺就好像時光倒流般奇妙。如位於怡保的頂豐豆腐花，復刻了潮州傳統撒糖粉豆腐花。又如位於萬撓傳承的百年品牌「品興飯店」，專攻古早粵菜。其次，它也正在面臨改變當中，就像即將傾頹的歷史建築，許多店家因後繼無人、觀光客大舉湧入或人力短缺即將消逝了。像吉隆坡生記香底米，其乾煎米粉的技術已經越來越少見；又如八打靈再也的祥記，曾因為作工繁複而停賣客家算盤子，後在眾人勸說下才又復賣。第三，華人人口比例在快速降低當中，華人生育率逐年降低、馬來人生育率高於華人，加上外籍移入人口的升高，大馬華人人口比例從六十年前的三成七降至如今的二成三，華人變成馬來西亞的少數民族並非不可能，這或多或少影響當地華人飲食風貌，因此吃一家是一家，吃不到的是想像，吃得到的就成了見證。

書名《啊，這味道》想表達的有兩層意義，其一是我對黑醬油印象深刻，許多馬來西亞華人食物可以說是繞著黑醬油而存在，菜色的外觀暗且沉，含糖的黑醬油遇熱易焦，因此翻炒的力道要比其他菜式來得強也來得快，黑醬油不僅左右著烹調方式，也影響著一支族群的飲食文化。

其二，對華人，尤其是臺灣、中國華南地區（含港澳）、東南亞的華人來說，這陌生中帶有熟悉、熟悉中又帶有陌生的味道很難一語道盡；一如馬來西亞華人的身分——是馬來西亞人但不是馬來人；是華人但不是中國人，很難一語道盡。建國只有六十年的馬來西亞，華人還在其中找尋一個安身立命的歸屬，正如馬來西亞華人菜式——是中菜又不完全是中菜，是馬來西亞菜又不完全是馬來西亞菜，連菜也還在找一個安身立命的歸屬，那種還在模糊當中說不清楚的味道，如此貼近，近到就在唇齒間卻難以自唇齒表述，也就化成一句：「啊，這味道。」

無論如何，這味道是源自於華人、苦力、碼頭，是華工歷史的最好見證，我想可以作為近代大馬華人飲食的代表，沒有他們下南洋，就沒有這些美味且獨特的食物，謹以此書紀念他們。

福建肉骨茶

Bak kut teh

巴生盛發肉骨茶

肉骨茶（Bak kut teh）是星馬一帶華人食物的代表，然而雖然星馬兩地都有，但就肉骨茶的變化性、豐富度與店家數來說，馬來西亞都遠超過新加坡，可以說是認識大馬華人食物的第一站。肉骨茶分白派與黑派——星馬兩地都是中藥與香料湯底，不過新加坡以潮式白湯底為主，稱為「白派」；大馬則多加入了黑醬油的黑湯底，稱為「黑派」。一般來說，中、北馬偏黑派，南馬多潮州人，也就多白派的潮式肉骨茶。

說到肉骨茶，不能不提位於吉隆坡附近的巴生市（Bandaraya Klang），簡稱巴生（Klang）。巴生是大馬肉骨茶的大本營，當地光肉骨茶專賣店就超過五百家。有的店家重湯頭，有的強在豬肉的品質；有的二十四小時營業，有的一早營業，一般生意好的店家不到中午就賣光收攤，總之來到此地隨時都吃得到肉骨茶。巴生位於吉隆坡往國際機場的路程上，是很適合在抵馬後或離馬前順道前往的一站，大馬地標雙子星塔可以不看，但肉骨茶不能不吃啊！

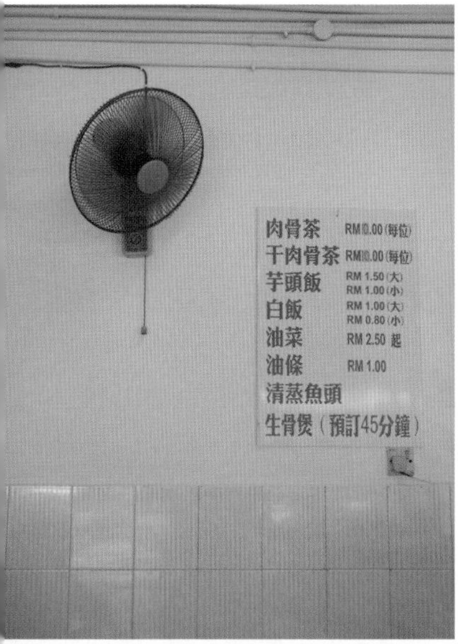

同樂軒

同樂軒兼賣乾、濕肉骨茶，乾肉骨茶重點不在湯，從肉骨茶中撈出肉骨，再與魷魚、辣椒拌炒，口味重、香氣足。

1.潮州肉骨茶攤上的湯桶像爵士鼓，廚師則像樂手拿著湯杓左右調度湯頭，猶如一場爵士鼓樂的Live Show。　2.肉骨茶是馬來西亞華人重要的日常飲食。　3.肉骨茶的湯頭比湯料重要，店家總要約法三章，以杜絕索求無度的客人。

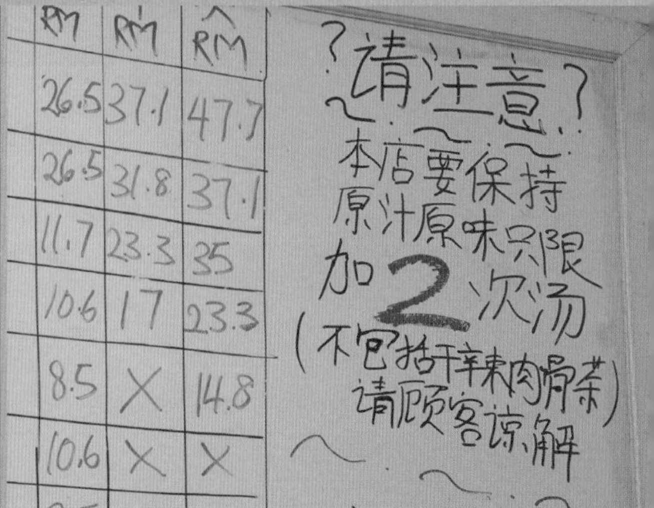

肉骨茶是喝湯還是吃肉？

肉骨茶有兩樣最重要的東西，從名稱裡就能知道，一樣是肉骨，另一樣就是「茶」了，之所以把茶加上引號，是因為那茶非茶，而是中藥湯。

對當地人來說，肉骨茶的「茶」又比肉骨來得重要，很多人是衝著喝湯而來吃肉骨茶。許多小孩子不愛吃肉骨，父母親也會在白飯上淋湯汁給小孩當作一餐。而正因為好湯難求，許多店家牆上會貼布告明說「不可續湯」，友善一點的則寫上「可續湯一次」，以謝絕索求無度的饕客們。

肉骨茶湯有何獨到之處呢？各家因配料、煲煮時間而口味各異，但當歸、黨蔘、桂皮、川芎幾樣藥材是必有的，講求補中益氣、活血祛濕；其他如八角、甘草、熟地、玉竹等則視店家偏好採用。

除了中藥材，湯底另有配料與調味料。在巴生，肉骨茶必放黑醬油，黑醬油能使豬肉色澤透亮誘人，當地人視為肉骨茶的靈魂。只是用量需斟酌拿捏，過少則肉色不美；過多會使肉色暗沉並引出黑醬油的苦味。除了黑醬油外，肉骨茶還放醬油（當地稱醬清），醬油能控制湯底味道，達到偏甜、偏鹹或帶出豆醬香等效果。另外，大馬肉骨茶也跟新加坡一樣，會放胡椒與蒜頭。

油脂、肉骨與中藥熬燉萃取而成的湯底，苦中帶甘、甘中有鹹，溫潤而有餘韻，藥香與肉香交互作用，多重感官刺激，讓人很難不愛它。只是也有人發現，好心店家所謂的續湯，並非一開始上桌的原湯，可能是二湯或三湯，充其量只是滿足一下人們的心理期待，即使如此也能求得兩相圓滿。說起來，湯底是中式餐館與顧客之間情感交流的工具，是好湯客人才會想續，而店家適時地幫客人添湯，總能贏得人情味。

肉骨茶的由來

肉骨茶以組成元素來說，被認為源自潮州，因為潮州人飲食很講究藥膳食補；而就發音來看，「Bak kut teh」是福建話，創始店的創辦人也是福建人，所以又被人們認為是源自福建。那麼肉骨茶到底是源自白派潮州還是黑派福建呢？在我走訪福建與潮汕時，倒是未見「肉骨茶」三個字的身影，但無論到底源自何處，可以肯定的是，肉骨茶是中國南方沿海移民來到大馬落地生根後，大放異彩、獨具庶民特色的一種飲食。

我被熟人領進肉骨茶世界的叩門磚就在肉骨茶的大本營——巴生，比起大馬其他地區的肉骨茶，巴生的湯底相對醇厚，品質也相對受到肯定。也因此，在巴生以外地區看到的肉骨茶專賣店，有些會標榜「來自巴生肉骨茶」或「巴生正宗肉骨茶」，如同很多臺灣的肉圓店即使開在別的地方，還是會打上「彰化肉圓」、碗粿店會打上「臺南碗粿」的名號一樣。

在巴生舊區，人們暱稱「橋底下」的盛發肉骨茶是正宗肉骨茶的代表，也是大馬肉骨茶創始人李文地後代所開枝散葉的店家之一，可說血統純正。大馬飲食作家林金城在《知食份子尋味地圖》中提到肉骨茶的由來：一九三〇年代在巴生鐵橋旁有兩家小吃攤，一家是李文地所開，賣燉肉骨與蔥油飯；一家是陳瑞所開，一樣賣燉肉骨與肉羹湯，兩人都來自中國大陸的福建省永春縣。

早年小吃攤沒有品牌也不興立招牌，很多人去吃東西總興取一些小名以便辨識，例如北京一家滷煮名店創始人叫陳兆恩，商號便叫「小腸陳」，一家爆肚名店的創始人叫馮天杰，商號便叫「爆肚馮」，大馬的華人也延續這項習慣，李文地開的燉肉骨店就簡稱「肉骨地」，陳瑞開的店則簡稱「肉骨瑞」，一開始當地並沒有人說「肉骨茶」這個詞。

盛發肉骨茶生意極好，鍋杓間的移動，就像經歷一場世界大戰那般激烈。

福建話裡「地（tē）」跟「茶（tê）」的發音十分相似，加上閩南一帶吃肉配茶用以解膩，是很普遍的飲食習慣，不明就裡的人便把兩者聯想在一起，理解成了「肉骨茶」，後來李文地也就順應民意，直接掛起了招牌「德地肉骨茶」，成了肉骨茶一詞的由來。

單從食物本身來看，這是華人地區習常的藥膳湯品，來到臺灣則成了夜市小吃「藥燉排骨」，嚴格來說並無獨特性。然而「肉骨茶」一詞原創於馬來西亞，多年來也已經發展出一套特有的搭配與吃法，再加上人物（苦力）與地緣（菜市場、碼頭）關係，才是這款食物的重要意義。

開業於二次世界大戰前的李文地生了兒女共十二人，其中七人為男丁，多人在巴生地區將肉骨茶開枝散葉，長子經營父親留下來的老品牌「德地」；老三開的店叫「德發」；老四繼承創始店原址，開的店叫「盛發（橋底下）」；老五開的店叫「五月花」；老七開的店叫「奇香」。其中老四李漢盛又把店傳給了兒子李傳德。

這些店均延續著李文地所傳的「二次工法」，李傳德說現今多數店家貪快，並不分次處理，總是一鍋煮到底，而二次工法雖費事，卻能使食材更入味。第一次先將肉骨與醬料拌炒過，使其入味定形，置涼後再加入藥材與調味料熬煮，滷至收汁、皮光肉亮。只是他也補

馬來西亞肉骨茶創始人李文地。

充，早年用炭火與中華鍋拌炒，現在用瓦斯並改為平底滷鍋，製法已部分調整，製程則仍維持祖父傳下的二次工法。

肉骨茶怎麼點？怎麼吃？

該說是巴生人專屬的幸福嗎？當地人把肉骨茶當早餐吃，「每天早上這樣吃，不會太重口味嗎？」我問朋友。「是啊，我幾個當地朋友，年紀輕輕都得了痛風。」朋友答。然而即便如此，巴生人還是繼續吃啊。

盛發肉骨茶第三代老闆李傳德說，創始的肉骨茶組合就只有一碗肉骨跟飯而已，代代相傳後，隨著經濟越來越發達、生活越來越富裕，品項選擇也越加多樣化，從一開始的肉骨，延伸至可選豬的不同部位或內臟，又多了像油條、豆卜（油豆腐）或自家小菜等配菜，內容不斷展開。

吃大馬肉骨茶是有步驟的。第一步，入店後先向店家點選豬肉的部位，李傳德建議第一次品嚐的話，可以選「大骨」或「小骨」，指的是豬後小腿的部位，通常這部位同時包含肥瘦肉跟豬皮，豬皮帶有豐厚脂香，這個部位也最細嫩軟滑。

至於饕客則會根據自己的喜好挑選部位，愛吃肥的人可以選擇豬腩（豬五花）、腳彎、帶筋豬腳；愛吃瘦肉的人則可以選擇五花骨（近豬背頸處）、排骨或軟骨。後來逐漸有店家也提供豬大小腸與豬肚等內臟部位、豬尾，還有油條、蔬菜、豆卜等自由搭配。當早鳥的優點是可挑選的豬肉部位多，腳彎、豬尾、五花、豬肚等各有千秋；晚來雖然可挑的部位少了，不過這時鍋底已經經過一段時間濃縮，更加濃醇渾厚，喝湯最好。

挑好菜色後便選桌坐下等候，這時第二步便是選茶，店員會提著茶籃前來，有烏龍茶、大紅袍等各式平價中式茶可供挑選，普遍會依照固定茶葉量分裝成像臺灣鳳梨酥那樣大小的袋裝，單袋可沖泡數次，選好後有的店家會代為沖泡，有的店家則提供熱水與茶壺自行沖泡。飲茶等待的當下還有準備工作，就是調配放置在桌上的調味料。一般客桌會提供辣椒醬油、蒜蓉、醬油膏，可依個人口味置於小碟內，當地人幾乎都會加蒜蓉，因為他們認為蒜蓉可去除豬肉腥味，另外，客桌上還會有叉匙、筷子，可過過熱水或以衛生紙擦拭，我看著朋友流暢地進行這些動作，彷彿成了用餐的一種必要儀式。

這時挑好的肉骨茶、豆卜、油條、飯就陸續上桌了。豆卜、油條是用來吸飽湯汁的，

選茶、取茶、泡茶、等上桌，成了吃肉骨茶的必經程序。

如同一開始所提，肉骨茶的「元件」是燉肉骨跟飯，觀察店家的肉骨茶正不正宗，除了肉骨外，從飯的表現也能看出店家對細節是否用心。創始版的飯可不是一般白米飯，而是拌過豬油並撒上現炸油蔥酥的白飯，提味卻不搶味，從油蔥酥也能吃出是買現成還是新鮮現炸、有無油耗味等。

肉骨茶猶如武林，各立門派

有人就有江湖，有肉骨茶就有門派。大馬肉骨茶不僅開枝散葉，還越來越多創意口味，除了黑派白派外，還有加入鮑魚、花膠的高檔肉骨茶，加入鮮蝦的海鮮肉骨茶，乾炒製程的乾式肉骨茶，以及加入客家菜式的客家肉骨茶等。

巴生——肉骨茶的大本營

巴生與其他地區肉骨茶最大的區隔在於湯底，豬腳、大骨熬的湯底猶如滷汁般濃稠，巴生以外地區的人們反而喜歡較清爽的湯底，因此濃稠湯底就成了巴生鮮明的特色。在巴生以外的肉骨茶店會提供續湯一次或多次服務，而巴生老店則多不可續湯，因為這湯底是精華所在，若提供免費續湯一次就代表少賣好幾碗，出來做生意的人哪可能願意呢。

在號稱有五百家肉骨茶店的巴生，到底該從哪家下手呢？我選擇先從創始人後代所經營的店開始，一家是堪稱大馬第一家肉骨茶的「德地」，一家是位於大馬第一家肉骨茶店原址的「盛發」。

盛發原本就是當地的人氣店，當我跟朋友抵達時已經晚了，一看爐灶像經歷過一場二次世界大戰，雖然可挑選的部位少了，不過這時鍋底湯汁更濃醇渾厚。坐在戶外區樹蔭下，可悠閒地享受屬於大馬風情的肉骨茶早餐，若以品牌、菜色品質、用餐環境、服務、衛生等條件來看，身為觀光客，若待在大馬的時間很有限，只能去一家肉骨茶店的話，那麼盛發絕對能列為代表。

然而，即使在盛發喝得到濃醇渾厚的鍋底湯，卻還不如德地濃稠，那湯底像多喝幾口嘴巴就會黏住似的，口味也更為厚重，只是厚重不一定人人適合。進入德地就像穿越時空，門口左上角掛著的招牌不起眼，但細看「TECK TEH德地」幾個字已經燻到黑黑亮亮，歲月刻劃出殘痕累累的木桌，碗盤像剛過七十大壽，餐前茶是用張不完整的白紙，遞上一小撮茶葉，店內的客人幾乎清一色是白髮蒼蒼的熟客，他們似乎已經熟悉到把陳年話題翻來覆去聊，聊到聊無可聊，就連老闆也不太愛說話，百無聊賴，只剩安靜互視，然而眾人雖無聲卻仍像在對話。

熟客中突然出現的生人必然成為焦點，尤其不諳「規矩」的外地客備受注視，他們沒有敵意，只是像等著什麼發噱出糗的場景出現，等到新話題以作為茶餘飯後的茶點，那麼這一天就算值了。

德地是少數桌上不提供調味料的肉骨茶店（盛發則只給辣椒不給蒜蓉），老闆認為肉骨茶應該要吃原味，這些調味料會破壞味道。以現代流行語來說，德地是一家個性店，老闆嚴拒遊客拿相機拍自己桌上食物以外的東西，不過卻是值得一去的肉骨茶店，需提醒的是當地人把肉骨茶當早餐吃，當地包括德地這類熱門店經常中午十二點不到就賣完打烊，建議最好在十一點前到較為保險。

南洋風乾式肉骨茶

大馬通年如夏，天氣太熱不耐喝湯，這就是乾式肉骨茶崛起的背景，乾式肉骨茶一如其名，不喝熱湯只吃乾炒。廣東人是大馬華人主要族群之一，廣東人盛行吃瓦煲料理，或許受其影響而發展出瓦煲的乾式肉骨茶。

乾式肉骨茶的作法，是在肉骨中加入吊片（乾魷魚）、辣椒乾（或小辣椒）、黑醬油與肉骨茶湯底一同熬煮至收汁，有些則會先在大鍋內熬煮，等人點用再把肉骨放至瓦煲內翻炒收汁，瓦煲砂鍋有保溫聚熱效果，賣相也好，是其受歡迎主因。

不一定非到巴生才吃得到巴生肉骨茶，許多人到巴生拜師學藝後，就到大馬各地展店，在怡保就有一家打著「來自巴生」的陳記肉骨茶，老闆陳清銹過去曾在巴生開業，後來才輾轉移居怡保。

陳記同時提供乾濕式兩款肉骨茶，原本也遵循巴生版的濃湯與蔥油飯，不過怡保人口味偏清淡，故其因應市場需求改成較為清淡的湯頭與不含豬油的油蔥白飯。

陳記也自創許多其他地方吃不到的肉骨茶，包括煎炸肉骨茶、香辣乾肉骨茶、豬腿肉骨茶，以迎合現代人口味多變的喜好。

白派潮州肉骨茶

潮州肉骨茶分布在潮州人多的地區，尤其以南馬的馬六甲為代表。馬六甲第一家潮州肉骨茶店，店名就叫做「潮州肉骨茶」，已經營三十多年，取名「潮州」是因為創辦人就是潮州人，販售的也是不放黑醬油的白派肉骨茶。

潮州肉骨茶現傳至第二代之手，第二代負責人翁欽虎說，星馬同樣是潮州肉骨茶，也同樣純以藥材跟大骨熬湯，但大馬的藥材量跟胡椒粉都下得比新加坡輕。

店內的開放式廚房聲勢堪稱觀光等級水準，翁欽虎的跟前有好幾桶深不見底的湯鍋，他猶如爵士樂鼓手舉起湯杓左右調度，一邊提起丹田喊單與指揮分配，這首肉骨茶之歌可是相當搖滾。一如前面所提，肉骨茶的靈魂在於湯，一鍋到底的店家往往有前淡尾重的狀況，他面前的湯鍋裝的分別是濃淡不一的大骨頭湯、二湯與三湯，一面煮一面兌湯，濃兌淡使每碗湯口味接近一致，或有人偏愛濃、有人偏愛淡，也能透過兌湯客製化，是肉骨茶店家少有的作法。

這家店同時具備乾濕兩款肉骨茶，品項齊全多樣，除了花排（帶肥肉的排骨）必點，豬肚、豬腸、豬腰也處理得相當乾淨，手工豬肉丸原汁原味，一餐就能吃足南馬肉骨茶全貌。

潮州肉骨茶

1.在馬來西亞，肉骨茶主要分為黑派與白派。
2.馬六甲潮州人多，潮州肉骨茶是馬六甲第一家潮州肉骨茶專賣店。
3.潮州肉骨茶有不同濃度的原湯與二湯、三湯，濃兑淡使口感趨於一致。
4.白派肉骨茶湯色白，不同於加了黑醬油的黑派。
5.很多肉骨茶店家會選芋頭飯來搭配肉骨茶。

清淡養生的客家肉骨茶

有潮州肉骨茶、福建肉骨茶，難道還有客家肉骨茶嗎？客家肉骨茶指的並非一個流派，而是八打靈再也的第一家肉骨茶店「一心閣」。一心閣為何被稱為客家肉骨茶呢？主要有三個原因，一為肉骨茶湯底自成一格，二為提供客家配菜，三則是創辦人為廣東客家人。

雖然肉骨茶使用的中藥材適用於多數人，不過人說「是藥三分毒」，還是有些人體質不一定合用。因此一心閣第一代老闆吳亞華就加入了洋蔘鬚以中和當歸藥性，

籍貫成店名

龍山堂邱公祠，簡稱邱公司，是檳城一座大型會館。

大馬華人有鮮明的族群意識，有的人或許從沒回原鄉過，但不會忘記祖先來自何處，許多人保有完整族譜，同鄉會組織也十分活絡。許多華人並以自身祖籍為榮，從飲食中便能見到人文與歷史脈絡。舉例來說，像在芙蓉有家海南雞飯名店叫做「潮州滑雞飯」，無論食材、作法怎麼看都是海南雞飯，怎麼會稱為潮州滑雞飯呢？原來老闆是潮州人，他把祖籍掛到招牌上，但若寫「潮州海南雞飯」，看到的人恐怕一頭霧水，於是便取名為潮州滑雞飯。

另外，像吉隆坡名店「金蓮記」，是大馬第一家福建麵專賣店。現在全馬都能吃到福建麵，不過福建卻沒有這道菜，這是怎麼回事？原來金蓮記的創始人王金蓮就來自福建安溪，一開始在路邊擺攤賣炒麵，攤子沒有店名、炒麵也沒有取名，有客人問：「你賣的是什麼麵？」以身為福建人為榮的他便自取為「福建麵」，之後逐漸聲名大噪。

一心閣肉骨茶

1.一心閣肉骨茶提供其他店家所沒有的客家配菜，同時老闆也是客家人。
2.客家燜梅菜。
3.油條可吸湯汁，是後來經過演變才出現的肉骨茶配料。

1
2 3

並在健康考量下，不用豬皮、豬腳熬煮湯底，不放黑醬油、醬清，使湯底不如黑派厚重。另一方面，在豬大骨之外加入白蘿蔔、蠔乾、蝦米與魷魚乾一同熬湯，有別於白派的清淡，形態上接近廣式煲湯。

帶有客家色彩的配菜也是一心閣有別於其他肉骨茶店的特色，客家燜梅菜、黃酒雞、木耳滷雞腳、酸辣菜都很值得一嚐。可惜近期該店易主，此味已成絕響。

INFO

八打靈再也一心閣肉骨茶（已歇業）
電話_+60-16-658-9579
地址_NO.23,Jalan SS4D/2,People's Park,47301 Petaling Jaya,Selangor
時間_週一06:30~16:00、週二至週日06:30~21:30

巴生盛發肉骨茶
電話_+60-12-309-8303
地址_9,Jalan Besar,41000 Klang,Selangor
時間_07:30~12:30、17:30~20:30

巴生德地肉骨茶
電話_無
地址_27,Jalan Stesen 1,41000 Klang,Selangor.
時間_07:00~12:00

怡保同樂軒肉骨茶
電話_+60-12-932-9323
地址_36, Jalan Seenivasagam, Kampung Jawa,30450 Ipoh, Perak
時間_11:45~14:30、17:00~22:00

怡保陳記肉骨茶
電話_+60-12-646-0046
地址_No.51,Medan Soon Choon 1,Jalan Raja Dr.Nazrin,31350 Ipoh,Perak
時間_11:00~15:00、18:00~21:00

馬六甲潮州肉骨茶
電話_+60-12-324-0700
地址_363,Jalan Melaka Raja 4, Taman Melaka Raya,75000 Melaka.
時間_08:00~14:00（週一休）

福建薄餅

Popiah

太平拉律馬登熟食小販中心64號薄餅

源於福建的潤餅很會跑，不僅隨著移民的腳步來到臺灣，也下了南洋，像是印尼炸春捲（Lumpia）或大馬薄餅（Popiah），都能發現是採閩南語發音，也能看見一款小吃足跡，竟行走了如此驚人的版圖。

在大馬，潤餅是很普遍的小吃，當地人採廈門說法稱為「薄餅」，而隨著地理位置跟族群詮釋方式不同，演變出不同樣貌的薄餅，有杯子狀的、加湯的、加豬油渣的，也有印度人演繹的版本，十分精采。

在臺灣，南部人在清明節跟北部人在尾牙有吃薄餅的習慣，在大馬則一年到頭在一般美食街都能吃到薄餅，不僅華人吃，馬來人與印度人也吃，這是從少數華人飲食中延

在原鄉，會使用燉煮高麗菜作為薄餅的餡料，包餡前會將湯汁擠乾；在馬來西亞，則會使用燉煮的沙葛作為薄餅的餡料，包餡前也同樣會將湯汁壓乾。

伸至其他族群、經過交融後演變出各自特色的食物之一。

我猜想薄餅圓筒狀的作法跟吃法簡便，可當主食亦可當輕食，也就容易被不同族群接受。不同族群間或許有隔閡，卻能透過親和力強的薄餅讓大家成為一家人。話說回來，餅皮如此輕薄卻有足夠張力包容、乘載這麼多不同類別的食材，那麼人們是否也能無私地張開雙臂，擁抱這些多元族群與文化呢？

土生華人的金杯薄餅

薄餅經過演變後，最特別的樣貌非土生華人的小食「金杯（Pie tee）」莫屬了。金杯就如其名，是在有花邊造型的油炸餅杯裡，填裝紅白蘿蔔絲、沙葛（豆薯）絲、豆乾碎、香菜、少許辣醬等，配料跟當地薄餅相同，這也是被視為薄餅的重要依據，吃起來外皮酥脆、配料爽口，甜甜辣辣，好看又好吃。

說到土生華人，最常聽到的稱呼是峇峇娘惹（Baba Nyonya），指的是十五世紀初期至十七世紀之間，定居在馬六甲、印尼和新加坡一帶的中國移民與當地原住民通婚所繁衍的混血後裔，男性稱峇峇、女性稱娘惹。馬六甲是土生華人飲食最為鮮明的地區之一，馬六甲華人、《東方日報》的專欄作家曾昭智告訴我，峇峇娘惹多經商有成，家庭富裕但行事低調，且自視甚高。

而為什麼金杯外型會跟一般熟知的薄餅不同？大馬薄餅不像臺灣是整卷咬食而是切成一段一段食用，夾食時容易掉屑，為了能使娘惹吃相優雅，因此發展出袖珍的金杯造型，猶如宴會小點（finger food）。

金杯是以實心銅器沾取麵糊，放入滾熱油鍋中使其脫模，多放幾個就能看到油鍋中的金杯好像「海上花」那樣浮動。好的金杯要杯緣薄可透光，邊緣銳利明確，因為脫模需要技巧，杯底最不易拿捏，要厚薄如一，不可有破洞，配料要切得細碎不可粗魯。而醬汁是調味關鍵，一如沙拉醬角色，過多過少皆不可。不過我認識的當地土生華人也有不同看法，他們認為只要薄餅脫離圓筒狀造型就不能視為薄餅系列，而且金杯的餅皮經過油炸，比較像春捲而非薄餅。

1.馬來人受華人影響，也演變出了馬來人的薄餅。
2.土生華人的金杯薄餅。
3.馬來人的薄餅會放豆芽、薑黃煮過的沙葛絲、豆乾碎等。

辣醬制霸的嬤嬤薄餅

大馬的嬤嬤薄餅非常可愛，細小如手指，以醬取勝。我曾造訪大馬霹靂州一個叫做金寶的小鎮，在鎮上的美食街吃到了一攤印度嬤嬤薄餅（Mamak Popia）。

攤子的招牌是「ZUL Popia」，其中「Popia」的發音與福建話的薄餅「Popiah」幾乎一樣，Popia是在檳城華人薄餅攤打工的印度人，將習得的薄餅技術自行發展而成，根據發音，相信是源自中式薄餅的變形。

「嬤嬤（Mamak）」指的是信奉伊斯蘭教的印度人，換言之，在這裡不會誤食到

嬤嬤檔的族群意涵

我首次抵達大馬的飲食初體驗就是獻給傳說中的「嬤嬤檔」，好友帶我去的不僅是一家嬤嬤檔，還是「整條街都是我的店」的超霸氣嬤嬤檔，攤位一路綿延到街道的盡頭，不僅滿座還要候位，讓我見識到什麼是川流不息。

印度人大部分信奉印度教，少數信奉伊斯蘭教，嬤嬤則是對信奉伊斯蘭教的印度人的稱呼，也因為是穆斯林經營的攤子，信奉伊斯蘭教的馬來人不需擔心會不小心吃到豬肉，肉品宰殺時也經過誦經處理，遇上了彼此交集的好吃食物，馬來人、華人跟印度人也難得同聚一攤上，這餐不僅吃到美味，還吃到了美味背後的族群關係。

（上）嬤嬤薄餅的沙葛會以薑黃煮過。
（下）嬤嬤薄餅會在薄餅上再抹上紅通通的辣醬。

豬肉，因此大馬的三大種族都可以吃。而印度人的飲食強項在醬料，醬料成了薄餅的主角，嬤嬤薄餅的餅皮相對偏小，大約只有中式餅皮的二分之一，先是抹一層厚厚如油漆般的辣椒醬，接著撒上豆芽菜、醃過薑黃的沙葛絲、炸紅蔥頭絲，不像中式薄餅一次供應一卷，嬤嬤薄餅一次同步供應五卷，捲起之後在筒狀餅皮外頭再塗抹一筆辣醬，這跟中式潤餅把醬料作為封口的概念不同，完全是以辣醬制霸，味道甜甜辣辣有個性，加上香氣豐富，吃起來相當過癮，是薄餅的另種風情。

大馬華人薄餅

大馬華人薄餅跟臺灣潤餅、廈門薄餅看起來很像，然而在配料或樣態上都是不同的。大馬華人薄餅的餅皮會先抹上甜醬或辣醬，配料有沙葛絲、豆乾碎、蛋碎、生菜、豆芽菜，有的也會加蝦米、紅蔥頭酥，其中沙葛是大馬常見食材，也是除了大馬之外，其他華人地區幾乎不會放的薄餅配料，是大馬獨有的口味。

薄餅的靈魂要角

薄餅的基本關鍵就是要濕潤，以使得各項食材易於入口，在閩臺等地曾使用燉煮過的高麗菜、豆芽菜；在大馬就成了用雞湯、魚露或魷魚乾煮過的沙葛，這是絕對不可少的。沙葛的好處是捲時不易出水，餅皮不致糊破，但一咬下去又清甜出水，能同時取代原鄉薄餅中高麗菜與糖粉兩品項，實屬薄餅聖品。在馬六甲有一家簡單的街邊攤車店「春興薄餅」，可說是薄餅界的沙葛之最，一般店家使用沙葛絲，這家店則用巨大的沙葛塊，包捲起來個頭也比普通薄餅大上一倍。

（上）華人將薄餅移植到馬來西亞來，如今當地三大種族都發展出各自的薄餅。
（中）除傳統薄餅外，新式薄餅的口味也很多樣。
（下）沙葛甜、保水性又好，是大馬薄餅不可或缺的要角。

春興薄餅

馬六甲的春興薄餅是家街邊攤，薄餅包入大塊沙葛與豬油渣是其特色。

另外，儘管各家配料多樣各異，但薄餅一定會有一款使口感酥脆的配料，這也是大馬薄餅的精神。在嬤嬤薄餅攤會使用炸紅蔥頭酥，怡保吃法則會加入蝦酥，在怡保冬菇亭美食中心的BiBi Popiah攤，可以吃到把油炸蝦餅拍碎成粒狀，加上豆乾碎、甜醬、辣醬、蛋皮、四季豆、沙葛、紅蘿蔔絲、油蔥酥等配料的薄餅。在馬六甲則能吃到加豬油渣的，像春興薄餅的豬油渣味道就很鮮明，無非希望吃起來口味多層次。

泡湯薄餅

「湯薄餅」是將薄餅捲好切段後再淋上少許沙葛湯，講究熱熱地吃。這對臺灣人來說似

BiBi Popiah

怡保地區的人會把壓碎的蝦餅加入薄餅內，吃起來香酥兼具。

乎有點難以想像，有人問我：「像泡在牛奶裡的太陽餅嗎？」嗯，有那麼一點像。不過湯汁少一些，味道淡而香氣足，而且湯薄餅要趁熱吃，口感才不至糊爛。

位於檳城的「蓮記」，是目前檳城僅剩兩家會加入新鮮蟹肉的薄餅店之一，之所以越來越少見，一是剔蟹費工，二則是海洋資源短缺，食材越來越昂貴。第二代老闆陳文財亮出剔蟹錐子與有漂亮尖端的蟹鉗肉，不用贅言，

就是時間與人力一挑一剔、一步一腳印堆砌成的證明。

薄餅內用到的沙葛，至今仍採古法炭燒熬煮，經過一夜將湯汁熬煮入沙葛裡，配料不放現代版常見的豆芽與蛋，而是傳統的生菜、新鮮蟹肉、豆乾碎、油蔥酥，再配上紅蔥油、甜醬與辣醬。

他延續著母親留下的味道與作法，以現代講求速效的角度來說看似傻氣，然而這不但守護了一些檳城人近五十年的記憶，也是溫飽陳文財一家人生活的命脈，我猜想更重要的是沒有說出口的孝心，「蓮記」就取自母親李水蓮之名，他又怎麼能砸了母親的招牌呢？

少一個心就不是愛

五香粉是檳城有名的伴手禮，名為「博愛堂」的五香粉尤其出名。我在檳城吉靈萬山菜市場攤子上一見，欣喜無比，老闆馬上潑盆冷水說：「這不是博愛堂的，它的『愛』沒有心，價格也只要博愛堂的一半。」仔細一看竟是「博受堂」！真不知該讚美攤子老闆人老實，還是山寨版有創意。

正宗博愛堂真有其店，是檳城一家充滿古老氣息的中藥行，與其說賣的是五香粉，倒不如說是迷魂散，香得整個人都迷茫了。我把買好的數十包五香粉放進轎車內，簡直像待在一鍋行動滷味裡，從檳城一路滷到吉隆坡，登機回臺時還不由擔心起臺灣機場的米格魯會不會因而狂奔而來。到底有多香？回臺後其中一包送給了作家李昂，她說香到不敢放在包包裡，只能用密閉塑膠袋另案處理。

蓮記薄餅

蓮記是檳城地區少數加了蟹肉的湯薄餅攤，第二代老闆陳文財用心且專注。

食尚薄餅

大馬薄餅不僅只是一款傳統庶民小吃，它也能走進食尚潮流趨勢中，Sisters Crispy Popiah原是吉隆坡一家華人經營的小攤，後來名氣越來越大，在許多大型賣場或購物中心都有它的身影，是大馬第一家具規模的薄餅連鎖專賣店，目前已有三十多家分店。

Sisters Crispy Popiah捨棄中文而以鮮豔活潑的英文標識呈現，這代表著薄餅被賦予了新的意涵，薄餅原本就是以蔬菜為主的食物，經過現代語彙的行銷包裝，就成了一款相對於炸雞、漢堡而言，清新、健康又營養的蔬食速食，符合現代飲食市場潮流，不致走到絕跡的死巷弄裡。

臺灣潤餅就處於這樣的隱憂當中，雖然近十年來都有一些單位舉辦「潤餅節」活動，不過從事潤餅生意的攤販或因備料繁複、後繼無人、食材成本上漲等因素，總之店家是越來越少了，當一般店家不再販賣潤餅，家庭的家族成員凋零也逐漸少做潤餅，若干年後潤餅在臺灣消失並非不可能。

我曾品嚐過Sisters Crispy Popiah傳統本店與新式連鎖分店，位於菜市場裡的本店仍維持傳統華人薄餅路線，生意相當好；分店則除了傳統薄餅外，還發展出新式薄餅，口味自成一格。新式薄餅餅皮比一般薄餅皮厚一倍，猜想捲薄餅還是需要技巧，厚餅皮可降低「破皮」的耗損率，此外還有蛋餅皮、蔬菜餅皮，顏色與口味都有新意。

至於餡料，除了原有的沙葛絲、紅白蘿蔔絲外，還會放入大黃瓜絲、紫高麗生菜絲這類

Sisters Crispy Popiah

（上）Sisters Crispy Popiah採鮮明的英文招牌，容易被不同族群所接受。
（中）Sisters Crispy Popiah本店的傳統薄餅。
（下）Sisters Crispy Popiah分店的新式薄餅。

Sisters Crispy Popiah本店現址位於ICC Pudu市場內。

過去薄餅少見的食材，最後撒上大量紅蔥頭酥、麵糊酥。一般華人薄餅包裹成捲後就算大功告成，而新式薄餅還會像嬤嬤式薄餅那樣淋上醬汁，不過又不是嬤嬤式薄餅的辣味，而是類似帶有甜味的千島醬或沙拉醬，像是把薄餅沙拉化的概念，吃起來簡便、爽口、營養又有飽足感。

INFO

太平拉律馬登熟食小販中心64號薄餅
電話_無
地址_Jalan Panggung Wayang, 34000 Taiping, Perak.（拉律馬登熟食小販中心64號鋪）
時間_14:00~19:30（週五休）

吉隆坡Sisters Crispy Popiah
電話_+6012-6280690
地址_Jalan Kijang, Pudu, 55100 Kuala Lumpur.（ICC Pudu）
時間_06:30~13:30（週一休）

怡保BiBi Popiah
電話_+6016-5009348; +6016-5046873
地址_Lengkok Canning, Taman Canning, 31400 Ipoh, Perak.（冬菇亭美食中心）
時間_18:00~22:30（公休依店家公告）

金寶ZUL Popia
電話_+6019-4657766
地址_Dataran Kampar, Jalan Balai, 31900 Kampar, Perak.（金寶巴士站旁）
時間_14:00~18:30（公休依照店家公告）

馬六甲Baba Low
電話_+606-2831762
地址_486, Jalan Tengkera, 75200 Melaka.
時間_7:30~16:00（週五休）

馬六甲春興薄餅
電話_無
地址_Jalan Bunga Raya, Melaka.（貴婦人Madam king購物中心前）
時間_12:00~20:00

檳城蓮記薄餅
電話_+616-4376683
地址_40-48, Lebuh Cecil, 10300 George Town, Penang.（七條路巴剎47號鋪）
時間_07:30~17:00（隔週二休）

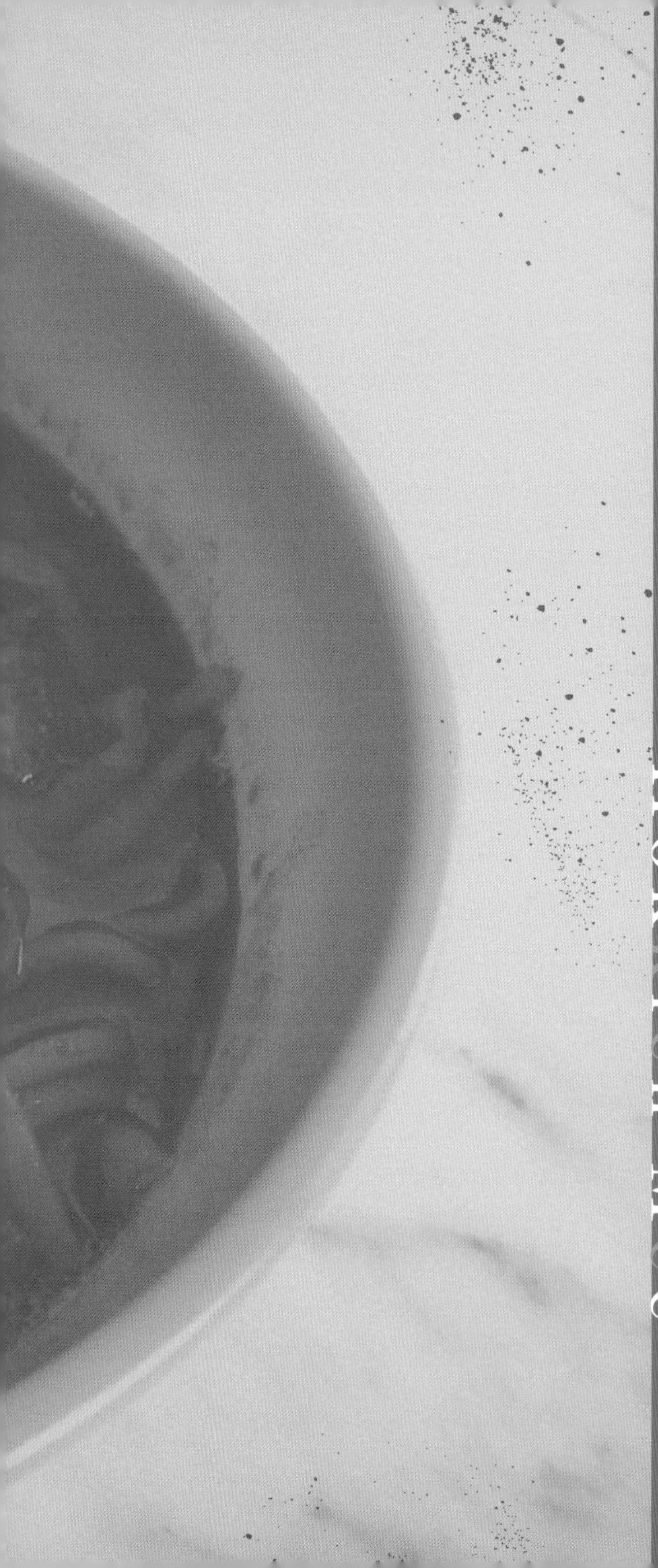

福建麵

Hokkien Mee

檳城薯傳福建麵

在福建，沒有一款麵稱為福建麵，但在大馬，卻有兩款不同的麵稱為福建麵。透過福建麵可以嚐到福建族群移居南洋的蹤跡，還能嚐到系出同門卻身世際遇不同的味道。這兩款在閩臺都嚐不到的福建麵，光這項話題性就相當值得一嚐。這兩款麵一款原創於吉隆坡，另一款的大本營則是檳城，前者在中馬、後者在北馬。吉隆坡一帶的福建麵指的是黑醬油炒麵，檳城的福建麵指的是辣味蝦麵，為了區分兩者，檳城福建麵出了檳城就以「蝦麵」稱之。

源自吉隆坡的福建麵，原是供應粗工，後來名氣越來越大，連大馬一般酒樓都把這道菜列入菜單，甚至在新加坡、印尼等地也有福建麵蹤跡。至今已經有九十年歷史的福建麵創始店金蓮記，已成為到大馬必吃的食物之一，大名還傳回福建，當地官方派人來此觀摩，到底在福建也吃不到的福建麵長什麼樣子？然而對臺灣人來說，福建麵似乎是大馬華人食物中比較不討喜的一道，我一位臺灣朋友見過照片後說：「好黑喔，這能吃嗎？」臺灣使用醬油入菜，卻沒有黑醬油入菜的習慣，因此一見到這般色澤便直覺是加了很多醬油，加了那麼多醬油一定很鹹，還未入口就先對美味打了折扣。至於另一款檳城福建麵，臺灣人對這味道是熟悉的，與臺南擔仔麵系出同源，均源自福建廈門蝦麵，只是到了臺灣，蝦麵味道湯頭變清淡，而檳城蝦麵湯頭變重口味，原鄉廈門味道居於兩者之間。

吉隆坡原創的福建麵

一早走在吉隆坡的茨廠街上，街上還沒什麼遊客，少了喧鬧，便清楚聽到從金蓮記二樓廚房傳來的鍋鏟鏗鏘聲。儘管金蓮記在茨廠街已是一棟現代化的兩層樓冷氣店面，海外還有分店，不過總留著一些東西是不變的——至今仍保留福建麵的炭炒傳統。避免一氧化碳中毒，廚房空氣要能對流才行，因此金蓮記廚房是半露天式，鍋炒聲就自然傳到街上去了，像開戲前急促的鑼響，是啊，確實店門一開張、食客就座，就輪到廚子上場演出了。

福建麵的創始人是福建安溪人王金蓮，早年從福建到大馬討生活，創立於一九一七年的福建麵原本沒有取名，看起來黑碌碌，有的人稱黑麵、有的人稱大滷麵，後來他想到自己是福建人，就逕自把自己炒的麵命名為「福建麵」。

一開始的福建麵原型偏濕，有點偏燴麵的樣態，後來在廣東人的影響下，由濕收乾且重視鑊氣，開始有鍋鏟碰撞的鏗鏘聲。雖然黑不溜丟，不過口味並不重，不鹹不甜。福建麵用的是類似臺中大麵羹的粗鹼麵，早年連麵也自己做，用木棍壓製，現在才改由工廠製作。配料不複雜但工序複雜，黑醬油須分多次放，等到慢慢炒上色，炒出光滑感，加上左口魚（比目魚）粉、豬油渣跟蒜末，才能算是合格的福建麵，而加入了的黑醬油就成了脫離原鄉色彩、自成一格的原創食物。

「金蓮記」名氣之所以如此響亮，恐怕還跟臺灣人有關聯哩。第三代傳人李慶進回憶，七〇、八〇年代戲院、夜總會風行，名店有中華戲院、五月花、香格里拉夜總會等，當時鄧麗君在東南亞紅極一時，登臺作秀後常會到金蓮記吃消夜，有些買不到票的顧客就跑到店裡爭睹她的風采，她為此還得變裝才進得了門，有大明星加持，金蓮記想不紅都難。

「下次我到臺灣帶福建麵給你。」當年的年輕小伙子李慶進曾對鄧麗君這樣說，直到現在他都當上祖父了還記得當年許下的諾言，只是鄧麗君卻已香消玉殞，幾年前他到臺灣觀光，便到筠園去見鄧麗君了。

除了福建麵，金蓮記的茨粉根也是其他地方不容易吃到的食物，木薯粉拌水做成透明粗條狀，同樣以黑醬油拌炒，吃起來滑溜又帶點咬勁，茨廠街之名來自當地一家生產茨粉的茨廠，在茨廠街吃茨粉根是很映襯歷史的事呢。

金蓮記

（上）金蓮記的福建麵至今仍以炭火炒。
（中）豬油渣跟左口魚粉是其中畫龍點睛的要素。
（下）金蓮記的福建麵。

金蓮記第三代傳人李慶進。

吉隆坡發源地——茨廠街

遊客到大馬幾乎一定會到首都吉隆坡，到了吉隆坡則幾乎沒有人不到茨廠街的，茨廠街可說是十九世紀末建立的華人社區，也是吉隆坡的發源地。

百年前廣東人跟客家人在此聚集，當時的華人甲必丹（僑民領袖）葉亞來開設了一家生產木薯粉的工廠（粵語稱木薯為「茨」），也就是「茨廠街」名稱的由來。廣義茨廠街泛指此區原有的華人社區，狹義則指該區內一小段的茨廠街（Jalan Petaling），全長才四百公尺。

茨廠街附近的仙四師爺宮。

檳城福建麵「蝦味鮮」

在檳城一帶稱為福建麵，出了檳城就稱為「蝦麵」，這和臺南擔仔麵可說是系出同門。檳城福建麵與廈門蝦麵同樣以蝦殼熬湯底，而大馬除了蝦殼外還會再放豬肉、辣椒醬一起熬煮，熬湯的豬肉還會被當作配料和麵一起上桌。湯底的濃厚蝦味讓人一嚐就有到了南洋的感覺，而且在檳城吃福建麵，如果不特別向老闆交代，一定是麵條與米粉各半上桌，不像其他地方是麵歸麵、米粉歸米粉。

回過頭來看臺灣擔仔麵，過去也以蝦殼熬湯底，只是商家說客人嫌湯裡的蝦味太腥，於是用蝦殼熬湯的店家越來越少，即使仍使用蝦殼，用量也越來越少，猜想可能是因為海鮮越來越貴、各項成本越來越高，而使得店家改變湯底配方與比例。

檳城有一家「薯傳福建麵」，老闆張富蓢一家賣福建麵已經超過一甲子，父親綽號「番薯」，因為手藝傳自父親，故以不忘本的姿態豎立招牌「薯傳」，與年近八十歲的母親一同顧攤。

薯傳福建麵

約定俗成，檳城福建麵多米粉與麵各摻半。而薯傳福建麵的一隻蝦可以片成四、五片，薄可透光。

青屋蝦麵的太極式吃法。

要想庶民小食也能讓客人吃到蝦肉，母子練就了拿手絕活，每天都要上演片蝦秀，蝦先炒過再片，一隻蝦能平片成四至五片，刀功了得。除了讓蝦看起來份量較多外，也因為薄片容易風乾，入湯後吸足湯汁，增添美味，是窮困年代窮則變、變則通的「傳統智慧」，而張富蓖說現代人偏好蝦子越大越好，這項技藝恐怕就要成為絕響了。

想嚐檳城蝦麵，「青屋蝦麵」則是另一種選擇，類似廈門蝦麵的半自助式型態，變化度高，是很客製化的作法。麵體有粿條、米粉、黃麵等可選，還可選大滷湯與蝦湯等不同湯頭為基底。烹調好的雞爪、滷蛋、燒腸、排骨、芥蘭菜、肉丸等十多樣配料可隨意加到麵裡

青屋蝦麵有雞爪、燒腸、滷蛋等不同湯料可選擇。

面，配料雖多卻不馬虎，雞爪是油炸過再浸泡滷汁，熟爛得一咬就骨肉分離，有滋有味。

其中的變化還極致到可以選兩種湯底、兩款麵體在同一碗麵裡的太極式吃法——一半滷麵湯一半蝦麵湯；一半米粉一半黃麵，賣相奇佳，中和兩者優點的湯頭，同時能嚐到兩款不同口感的麵體，既美味又熱鬧有趣。

INFO

吉隆坡金蓮記福建麵美食館
電話_+603-20324984
地址_No.49, Jalan Petaling, 50000 Kuala Lumpur.
時間_11:00~23:00

檳城老青屋蝦麵
電話_+6016-4211717
地址_133-A, Burma Road, 10500 Penang.
時間_18:00~01:00

檳城薯傳福建麵
電話_+6016-4556600
地址_219, Lebuh Kimberly, 10100 Penang.（良友茶室）
時間_平日07:30~11:30、週六日07:30~12:00

海南雞飯

Hainanese Chicken Rice

芙蓉潮州滑雞飯

雞是農村裡常見的家禽，農業社會裡，許多人家裡或多或少都養過雞，雞與飯的組合是許多地方常見的菜色，以臺灣來說就有嘉義雞肉飯，香港有玫瑰豉油雞飯，日本鹿兒島也有「鶏飯（けいはん）」。星馬兩地的海南雞飯都源於海南島，只是在海南島原稱「雞飯」，用的是文昌雞，並不冠上「海南」二字；到了南洋後，由於是移居南洋的海南人扛擔叫賣，才有了「海南雞飯」的稱號。

海南雞飯多以一碟白斬雞、一碟雞飯以及三樣調味料（薑末、辣椒、黑醬油）的型態組成。煮雞的湯與雞晾掛起來後滴下的雞汁不會浪費，會用來煮雞飯或附湯。飯還會依照地域性而有些不同，比如馬六甲地區便會把飯捏成飯糰。然而，稠得像瀝青的黑醬油、酸辛甜辣的醒腦醬汁還是比雞或飯來得精采。許多地方都吃得到雞飯，不過可不像海南雞飯這樣舉世聞名，來此怎能不嚐一下用叉子跟湯匙吃的海南雞飯呢？

「海南雞飯」始於大馬

「海南雞飯是新加坡的吧？」許多人一聽到海南雞飯都直接聯想到新加坡，這是因為新加坡打響了海南雞飯名號。一位名為王義元的海南人在一九三六年到新加坡謀生，存了點錢後就在「桃園咖啡店」擺攤賣起雞飯，被視為新加坡海南雞飯的起源。他的雞飯生意大好，請了一位伙計叫莫履瑞，莫履瑞後來自立門戶開了「瑞記」，瑞記在媒體報導下爆紅，連到新加坡登臺作秀的港星一下飛機，都不去飯店而先直奔瑞記。有了名人加持，生意蒸蒸日上，莫履瑞賺了大錢便開始轉投資不同事業，當時還入了新加坡的富豪榜。也許是名氣太過響亮，有人張冠李戴，把瑞記的莫履瑞當成了王義元，以訛傳訛說成莫履瑞是新加坡海南雞飯的創始人。

然而「瑞記」後代因個人因素不再營業，如今在中國大陸、臺北等城市雖然還能看到「瑞記海南雞飯」餐館，但與新加坡「瑞記」並無關聯，只是業主曾經延攬前瑞記資深員工擔任顧問，並掛「瑞記」之名經營品牌。

再把時空拉回大馬。王義元在一九三六年才開始賣雞飯，然而根據飲食作家林金城的田野調查，「海南雞飯」應始於馬來西亞。大馬華人梁居清早在一九二〇年代末期就在雪蘭莪州的巴生開店賣雞飯，怎麼說都比新加坡還要早。又新加坡獨立於一九六五年，在此之前，無論是王義元還是梁居清都屬於大馬人，因此可證「海南雞飯」之名始於大馬。

不管是海南雞飯或肉骨茶，從過去兩國在歷史、地理、族群上的淵源來看，確有難分難解的部分。然而為什麼一般人聽到海南雞飯，就直覺聯想到新加坡呢？有一個說法是，大馬國教是伊斯蘭教，人口也以穆斯林居多，穆斯林不吃豬肉，政府即使從觀光角度也不主動推廣華人飲食。另一方面，新加坡是全球最國際化的城市之一，有足夠平臺為美食打知名度，也因此海南雞飯早一步被新加坡打響名聲。

流動的人肉攤販

星馬一帶，經常會在同一家店鋪裡有兩、三個甚至更多的美食攤位，食客可以到各自愛吃的攤子上點餐後，在共用的空間裡享用食物。

這樣的大馬茶餐室不僅吃的食物精采，賣的東西更是精采。臺灣流動攤販很普遍，但比起大馬來說簡直小巫見大巫，大馬流動的是個體不是攤車，簡而言之，只要有身體就可以做生意。餐桌邊有人來兜售報紙、有人兜售彩券，還有賣玩具、賣花，賣褲子、皮帶、皮夾、襪子，身上披披掛掛就是一家門市，人流來流去，而這些跟食物風馬牛不相及的東西還真有人買！此外，還有來要賞錢的乞丐，腦筋動得快的人就扮成財神爺，要趕也不好趕走，誰會趕走財神爺呢？明知是喬扮，還是有人配合演出賞幾個錢，吃頓飯就像看桌邊舞臺秀，十分熱鬧。

海南雞飯重點不在飯也不在雞?!

海南雞飯的白斬雞跟雞油飯稱不上獨一無二，連在臺北雞家莊臺菜餐廳都吃得到，而且一次還能出三色雞，口感、顏色、味道各異。許多臺灣人對雞肉的肉質很講究，有人愛肉雞的細軟，有人愛土雞的扎實；而有的人會嫌肉雞沒勁、嫌土雞太硬，一定要仿仔雞那種半放養的雞，香氣足、吃起來滑嫩不鬆垮才滿意，土雞城滿滿的雞肉菜單就滿足了這些饕客。

但若加上調味料那可就不一樣了。大馬海南雞飯同時提供薑蓉、辣椒醬與黑醬油，正如臺灣麵攤上提供辣椒醬、辣椒乾等，有誠意的店家會自己做調醬，而且會勾人一而再再而三上門的也經常就是這一味。其他的不說，有些調味料的食材價格就比雞肉還貴，

海南雞飯的調味料具有畫龍點睛的效果。

大馬店家向中國進口辣椒、蒜頭，有時受到產地囤貨影響，價格漲得比雞肉還要貴上一倍。

「辣椒醬是重點，尤其馬六甲辣椒醬在其他地方是吃不到的。」馬六甲興海南雞飯糰老闆陳明圓說。我一開始聽到這句話感到納悶，辣椒醬到處有，怎會吃不到？坊間的海南雞飯店會分開提供薑蓉、蒜末與辣椒醬，但只有馬六甲的海南雞飯檔會把薑蓉、蒜末、雞湯、桔汁與新鮮辣椒合製成獨門辣椒醬，來此別忘了特別一嚐。

海南雞飯怎麼吃？

許多人吃過海南雞飯，不過你知道海南雞飯怎麼點、怎麼吃嗎？以雞種來說，分肉雞、菜園雞、走地雞，一般店家會用肉雞，肉雞口感鬆軟，價格較便宜；菜園雞價格較貴，理論上比較接近臺灣仿仔雞，說「理論上」是因為我曾經點過菜園雞，但吃起來口感還是像肉雞，實在很遺憾；至於走地雞指的是放山雞，口感比較扎實。

菜單上通常分雞腿肉與胸肉，比較細分的還有上半部（上四分之一）、下半部（下四分之一），和雞翼、腿肉、雞尾肉，其中下半部通稱為「雞二度」。

斬雞人是海南雞飯的靈魂人物，速度、刀法、記憶力都是關鍵。

若是兩人（含以上）同行建議直接點半隻套餐，較能吃到完整部位，若確定店家是當天現宰雞，也可以嚐嚐新鮮雞雜，像是雞肝、砂囊（雞胗）。不同時期還流行過不同部位，西元一九六〇到八〇年代流行吃腿邊肉或雞腿，因為肉又香又細滑，許多人願意多花一點錢吃腿肉；九〇年代受到健康宣導影響，流行吃雞胸肉。

當然也有人吃雞叮囑要去骨、不要翅什麼的，那就看跟斬雞人的緣分到哪裡，生意不忙還能照辦，生意忙時就不一定能如人所意。店家哀嘆越來越難找到斬雞人，比照大學教授工資都不見得請得到，生意忙時一天要斬上百隻雞，動作又要快，對體力跟骨骼都是很大耗損，加上雞隻燙手又要斬得漂亮，還要記住售價與每位客人需求，壓力相當大，老一輩的身體一堆傷、年輕一輩的不想做，技藝難傳承。

海南雞飯的雞還分為冷吃跟熱吃兩種，熱吃是

巴生人與馬六甲人習慣把黑醬油淋到雞飯上。

現煮現切，可以留住雞肉甜味，但缺點是斬切後外型比較破碎不完整，馬六甲多數採熱吃。冷吃是把煮好的雞沖去血水後晾掛，優點是斬切後外型比較工整，但不如現切來得鮮甜。

至於吃法，有的人喜歡把雞肉沾醬吃，有的人則喜歡把醬倒入湯匙裡，再把雞肉浸潤在湯匙的醬汁中吃，也有人一匙雞飯上疊一塊雞肉再淋醬，飯、雞、醬一同送入口，還有人愛單沾一醬汁、有人愛二合一或三合一。在大馬，黑醬油主要用來淋雞飯而不是沾雞肉，光是簡單幾樣品項就能創造出多樣吃法，實在豐富有趣。

恐將消失的雞飯粒

「海南雞飯」顧名思義要有雞有飯，傳統雞飯會用煮雞的雞湯煮飯，並加蒜頭、鹽與雞油，新版才加薑與香蘭葉，在大馬現分為散飯跟雞飯粒兩種，雞飯粒集中於南馬的馬六甲與麻坡一帶。

早年在海南原鄉會把雞飯捏成棒球狀大小，放入小碗中，上頭再放一只倒扣的碗，碗口與碗口相接，稱為飯貢或飯珍，用以祭祀。後來海南人來到了大馬，沿街挑擔叫賣，擔子是一邊雞肉、一邊飯，而為了方便立食，把飯捏成比飯貢小一點的飯糰，不需準備厚重盤子，只要裝在捲成型的香蕉葉上即可，大大減輕販子的負擔，食客也方便食用。後來販子慢慢攢立了店面，本來立食改成也能坐著吃，飯糰便打成了裝在盤裡的散飯。

二〇〇八年馬六甲被列入世界文化遺產後，在觀光需求下，「古早味」再度翻紅，一球球的海南雞飯糰如今成了馬六甲、麻坡的特色，一些商家起而效之，廣稱為「雞飯粒」。在臺灣看到的早餐飯糰用的是糯米、日本飯糰用的是梗米，大馬主要是用乾鬆的秈米，這樣的米飯要如何結成球狀呢？傳統作法是從雞脂肪中煉出純雞油，拌入米飯中以便塑形，不過

幾粒飯?

外地觀光客曾鬧出過與雞飯粒有關的笑話，一次臺灣人到馬六甲吃海南雞飯，店家問：「你要吃幾粒飯？」臺灣人一頭霧水，心想雞飯一整盤怎麼算得出有幾粒米飯呢？只好勉為其難回答：「我要好多好多粒飯。」鬧笑話的還有日本人，看到米白色圓滾滾的雞飯粒上桌還以為是魚丸，當地人催促他們：「吃啊，快吃啊！」日本人卻無辜地說：「可是飯還沒有來。」

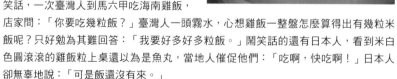

在雞油太膩、太昂貴，或煉油費工費時等因素下，現在很多店家改用人工乳瑪琳取代。

雞飯粒大球小球各不同，有的店家遵古法捏成棒球大小的雞飯粒，也有店家為了因應現代人就口方便，揉成乒乓球大小的雞飯粒。大顆雞飯粒不易塑形，小顆雞飯粒費工，一盤就要捏好多顆，而無論大小，標準的雞飯粒必須呈正球體、大小一致，且無揉合的接縫痕跡。

這看似簡單的雞飯粒卻曾面臨消失的危機。馬六甲當地一家雞飯粒名店「和記」第二代陳賢吉說，雞飯粒之前曾有段時間「斷貨」。我很納悶，雞跟米都不缺，何來斷貨之說呢？原來雞飯一旦冷卻就不易塑形，但剛煮好的雞飯非常燙，經常捏飯燙到手起水泡，加

海南雞飯粒。

1 2 3 4

1.馬六甲中華茶室的海南雞飯粒（已歇業）。
2.在馬六甲與麻坡一帶較多雞飯粒的蹤影。
3.位於麻坡的日發雞飯粒較符合原有大小。
4.日發雞飯粒的海南雞。

上一天要花三、四小時捏飯，因此很難找到願意捏雞飯粒的人，連外勞都因為受不了而離開，在人工短缺情況下一度停賣雞飯粒，最近找齊人手才又開賣。不缺雞不缺米就缺人，這實在很符合〈憫農詩〉所說的「粒粒皆辛苦」啊。

可惜有些不明就裡的客人，一看到雞飯粒還用叉子把飯切開打散，枉費捏飯人的苦心。雞飯粒因為捏得緊實並不會散開，建議先對半切，淋上黑醬油或薑蓉辣椒醬調味，一口吃半顆，透過咀嚼感受飯糰的彈性與米飯在口中散開的香氣。

馬六甲與雞蛋糕

到馬六甲時，我問朋友：「馬六甲人跟其他大馬人有沒有什麼差別？」他想了一下跟我說：「有，馬六甲人會罵人『雞蛋糕』！」

「雞蛋糕？」

「對，罵人字眼不文雅，用雞蛋糕取代，聽起來就沒那麼衝了。」他還說：「我家以前就是賣雞蛋糕的，聽到馬六甲同學罵人雞蛋糕就感到很尷尬。」

「臺灣人也會用不同的單字取代罵人的話。」我說。

「像什麼呢？」

「恁老師咧。」我說。

結果他臉上浮現尷尬表情，哎呀，糟糕，他剛好就是個大學老師。

海南雞飯，各領風騷

雖然新加坡的海南雞飯馳名海外，不過大馬海南雞飯名店也不遑多讓，我一位朋友曾說：「海南雞飯吃來吃去都差不多。」那也曾是我的心聲，不過在我走訪遊歷一番後，雖然不算吃遍各地所有海南雞飯，但可以肯定地回答他：「那是因為你還沒有吃到最好的。」

全馬最貴的海南雞飯

朋友開車載著我抵達芙蓉，告訴我等一下要去吃「潮州雞飯」，下車後步行了一小段路，他才驚覺忘了帶錢包下車，另一位朋友驚訝地說：「什麼？你要去吃鑽石雞飯竟然忘了帶錢？吃鑽石雞飯不僅要帶錢，還要帶很多錢呀。」我聽得一頭霧水，明明是「潮州雞飯」又怎麼變成「鑽石雞飯」？而且為什麼要帶「很多錢」？

原來這是一家由潮州人開設的海南雞飯店，老闆想在店名前冠上自己的祖籍「潮州」，然而稱「潮州海南雞飯」會讓人弄不清又潮州又海南是怎麼回事，於是拿掉海南二字，加上以自家滑嫩鮮美的雞肉自豪，於是取名為「潮州滑雞飯」。

「潮州滑雞飯」在當地人口中又稱為「鑽石雞飯」，它擁有許多第一，包括受封為全馬最貴的海南雞飯，第一家引發正反派網友大規模筆戰的海南雞飯，第一家讓拿督、公會、商會人士出面聲援站臺的海南雞飯，第一家要等上一小時才吃得到的海南雞飯。

話說從頭，幾年前有位網友與家人共十六人至該店用餐，點了一碟白斬雞、一碟豆芽菜、一碟雞雜、白飯與飲料，結帳時才發現竟要價四一八令吉（約臺幣三〇五〇元），直覺被坑，懊惱沒有一開始問清楚價錢，於是在網路上分享他的用餐經歷，避免其他人受騙。此則貼文不到二十四小時就被分享超過四千次，支持者認為「應該向政府單位舉發」、「被當冤大頭了」；反對者則肯定「那是全芙蓉最好的雞飯店」，還有人說「吃不起就不要吃」。

事情鬧得沸沸揚揚，店家還未作聲，但對許多芙蓉人來說，潮州滑雞飯可說是「芙蓉之光」，哪容得別人說三道四，連拿督都忍不住出面聲援，一碟雞飯能讓拿督挺身站臺，自然引來媒體大幅報導。《中國報》登載，聲援者還包括當地客家公會、劉氏工會、小販同業商會、龍崗親義會的領導人等，廣西會館會長、同時也是拿督的呂海庭說：「這家雞飯很有特色，並非黑店。」劉氏公會總務劉志文也代為澄清：「地方及場所和水平不同，消費自然就不同。」言下之意，似乎指潮州滑雞飯水準檔次過人，請大家別拿坊間店家相提並論。

然而，如果見過老闆劉光常對待海南雞飯的認真態度，或許就不意外潮州滑雞飯能有這麼多死忠的支持者。

坊間海南雞飯專賣店，多半會把雞汆燙燜熟後過冰水或冷水，長時間沖泡急速冷卻，當地把這樣的作法稱為「過冷河」，斬雞時外型會比較俐落漂亮，雞皮爽脆。另有一派專賣店為求保留雞肉甜味，會把煮好的雞自然晾掛降溫，好處是可以保留雞本身的味道，缺點是較花時間，術語稱為「收汗」。店家為顧及效率，一次會煮上十隻雞同步處理，不過客流量是抓不準的，有時客人少、賣不快，雞隻晾掛過久，反而使得雞肉晾到過乾。然而潮州滑雞飯為了讓肉質保留在最佳狀態，每次只煮兩、三隻雞，一天煮上好幾回，以便控制晾掛時間。

常見的海南雞飯店，斬雞人面前多半圍著一面透明壓克力櫥窗，以避免斬雞時肉骨飛濺，長時間下來，油汁蒙上櫥窗，總有霧裡看花的感覺。潮州滑雞飯面朝食客的砧板猶如戲臺，劉光常聚精會神地站在攤前，依照雞的不同部位斬切，將斬後的雞肉捧在手心，扣放於黃瓜鋪底的碟裡，淋上醬油跟香油，再以手掌穩住白斬雞，倒除碟內多餘醬汁。接著重複一次同樣步驟，斬切好的雞肉堆疊於底層雞肉上，二度淋上醬油與香油。

一般店家把白斬雞擺盤後，直接淋汁就上桌了，他如此費事的用意為何？根據我與朋友

潮州滑雞飯

老闆專注的態度，正是美味的關鍵。

們推測，一般作法醬汁一淋就流至盤底，下層雞肉無法從上至下均勻吃到醬汁，而他刻意分兩次淋汁，是為確保每寸雞肉都能吃到醬汁。

最後，他像看風水般在雞身不同位置擺香菜，並以濕布擦去油痕，像攝影師拍照那樣左看右瞧，不滿意再調整一下角度，彷彿這白斬雞等一下要去拍婚紗照似的，說到這裡，即便如傳言所說要等上一個小時也不足為奇了吧。

這盤海南雞飯一上桌，我與朋友們不是動筷也不是拍照，而是愣愣地欣賞它，怎麼有這麼美的海南雞飯！儘管捨不得下箸破壞畫面，但它天生黃澄澄油亮亮的身形又誘人下箸。一入口，我馬上恍然大悟，這招牌上的「滑」字可不是白寫的，香滑鮮嫩一字不差，而且塊塊到位、口口有味，醬油香在口中隱約迴旋。

若依照米其林星級評等的定義來看，潮州滑雞飯在我心中絕對有資格拿到三星——卓越烹調，值得專程造訪。芙蓉是森美蘭州的首府，位於吉隆坡與馬六甲之間，然非大馬主要城市。我願意光為了潮州滑雞飯專程走趟芙蓉，不僅不虛此行，而且不虛此生。對七十多歲且曾大病一場的劉光常來說，賺錢已不是最重要的，後繼無人，能做一天是一天，這雞飯真的是吃一次少一次。

飽餐一頓於離去前，解開了「鑽石雞飯」由來之謎。很多人以為潮州滑雞飯之所以得此封號，是因為賣得貴，吃雞飯付鑽石價，但真相是老闆娘以前都戴著鑽石戒指斬雞做飯，因而得名。不過我有另一種解讀，那就是潮州滑雞飯無論食材品質、製作過程、醬汁調配、賣相都拿到高分，以雷達圖來表現就猶如鑽石等級，相當精采。

大黃瓜是配角，也是要角

一般海南雞飯的雞肉，會在碟底鋪大黃瓜片，醬汁被黃瓜片吸走了大半。黃瓜片看似配角，但一來視覺上可以墊高雞肉的份量，二來可避免雞肉泡在醬汁裡而過鹹，三則清爽解膩，是配角也是要角。

大馬「Top10海南雞飯王

二〇〇七年大馬曾經舉辦過一場「Top10馬來西亞海南雞飯王」比賽，由十八位老饕與飲食專家分別試吃全馬近百家的海南雞飯專賣店與檔口，最後選出全國十大美味海南雞飯。

此後，大馬的海南雞飯再沒有這樣的正式賽事，也因此無從得知十年來是否有更優秀的海南雞飯店，抑或這十家海南雞飯王是否仍保持水準。但根據一些老客人的評價，至少當年十大雞飯王之一的「樂園鷄飯」，是一直保持在水準之上的。創辦人彭貴並非海南人而是廣東客家人，九歲就在茶室裡的雞飯檔當學徒，直到二十多歲擁有自己的店。一九七一年在安邦落腳就一路打拚至今，不僅客人一吃兩、三代，連提供原料的雞販、醬油廠商也一路合作到第二代，這些代代相傳的合作，是確保不走味的要素。

樂園鷄飯屬於冷吃，菜園雞黃澄澄的油亮雞皮、滑嫩雞肉，淋上當天現炸紅蔥油，香氣迷人。樂園鷄

位於安邦的樂園鷄飯，曾榮獲馬來西亞十大海南雞飯王之一。

飯第二代彭祺錦曾在香港學燒臘，在香港，庶民飲食也能透過品質、烹調方式與手法，創造不同檔次的表現，就如鏞記燒鵝、陸羽茶室等。彭祺錦也將這樣的態度運用在自家店裡，細膩的去骨切工，連雞翼骨都能去得漂亮，這可把雞飯拉抬到更高級的層次，加上空調設備、半開放式包廂設計，讓庶民雞飯翻身成為酒樓享受。

更讓我驚豔的是秘製薑蒜辣椒醬，用新鮮紅綠辣椒調配的醬汁，甜酸辛鮮，在大馬一年到頭酷暑難耐的天氣裡，如我這般體虛氣弱的外地人有一吃觸電的感覺，而且還被電得通體舒暢，光是這秘醬的神威顯靈，就足以讓樂園鷄飯在海內外累積不少善男信女呢。

樂園鷄飯的雞肉會淋上當天現炸的紅蔥頭酥與蔥油。

雞飯粒代表店

馬六甲與麻坡是大馬雞飯粒的大本營，許多人來到此地，一定要吃一盤海南雞飯粒代表到此一遊。「和記」與「中華茶室」是當地名店，不過中華茶室在二〇一七年無預警歇業，成為當地大新聞。而海南人陳士和創立的和記雞飯團，至今走過五十多個年頭，是馬六甲知名的排隊店，連新加坡人也慕名前來，假日一天能賣出上百隻白斬雞，從餐飲品質與店家規模、衛生等條件來看，是很值得朝聖的雞飯店。

和記的雞飯粒幾乎大小一致，吃得到蒜頭與雞油香，不摻人工乳瑪琳，沒有虛假的人工香氣，第二代陳賢吉說雞油是精華，好料用在刀口上，只用來煮雞飯與滷汁，因此不像一般店家另附雞湯。而以雞油、蠔油、麻油與醬油調配而成的滷汁淋在雞身，鹹香有韻，建議第一口不沾調味醬，單吃滷汁雞肉，享受原味之趣。

除了和記，自幼跟著和記陳士和沿路挑桶叫賣的第二代陳賢興，自立門戶創立了興海南雞飯糰，如今傳至第三代陳明圓之手。陳明圓說雞飯粒或雞粒飯是現代通俗稱法，海南人始終稱飯糰，為此店名除了取自創辦人陳賢興的「興」字外，也用「海南雞飯糰」以表正宗，他對辣椒醬有獨到的調製秘方，集酸香辛辣清於一身，絲絲入扣。

和記雞飯團

第二代陳賢吉說，雞
油很珍貴，只用來煮
飯跟烹製滷汁。

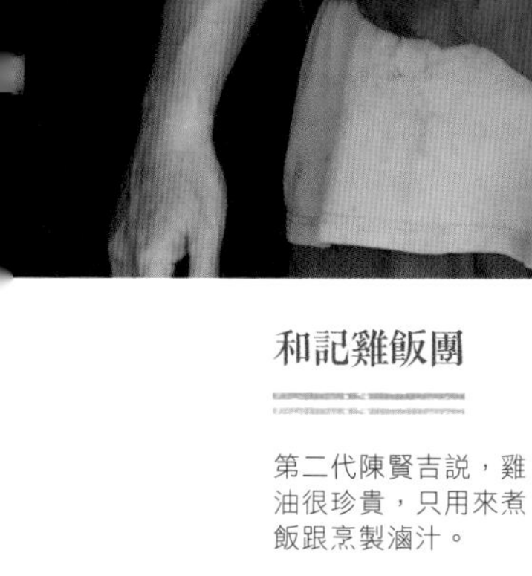

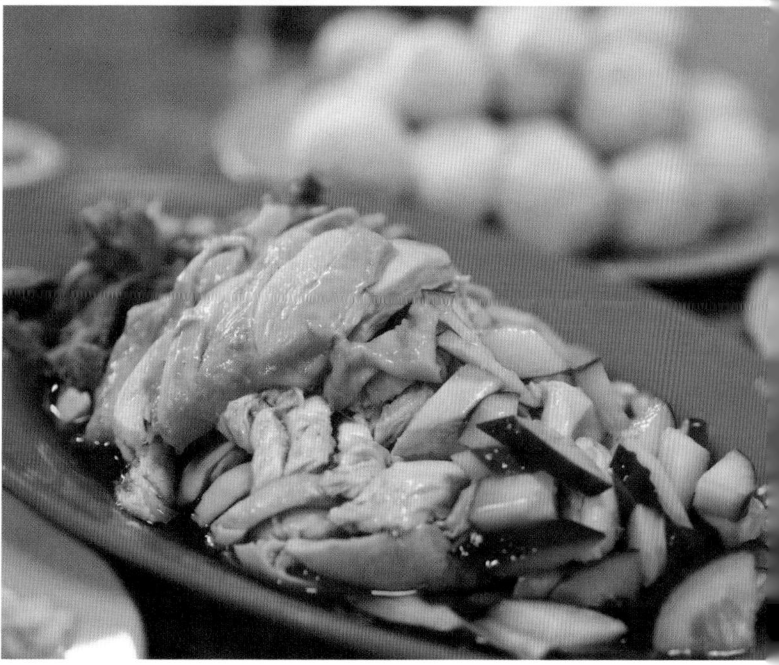

INFO

安邦樂園雞飯
電話_+603-42919884
地址_158, Jalan Besar, 68000 Ampang, Selangor.
時間_10:30~15:00、17:30~20:30

芙蓉潮州滑雞飯
電話_+606-7624357
地址_50, Jalan Kapitan Tam Yeong, 70000 Seremban, Negeri Sembilan.（再豐茶餐室）
時間_12:30~17:00

馬六甲和記雞飯團
電話_+606-2834751
地址_No.4,6&8, Jalan Hang Jebat, 75200 Melaka.
時間_09:00~15:00

馬六甲興海南雞飯糰
電話_+606-2883312
地址_536, Jalan Melaka Raya 1, Taman Melaka Raya, 75000 Melaka.
時間_平日10:00~15:00、週六日 09:00~17:00

海南麵包

Hainan Roti

安邦新新茶餐室

南洋各省籍華人裡，海南人的語言能力公認是最好的，因此能在殖民的英國人家中幫傭或做菜。大馬獨立之後，這些原本幫英國人打理飲食的海南人為了討生活，就散落民間開餐館維生，「海南麵包」就是海南人將西式早餐帶入大馬庶民生活中的證明，因此麵包前加上海南二字。

話說麵包到處都吃得到，何必特別到大馬吃呢？海南麵包不同於西式吐司，前者鬆軟、後者扎實，大馬的餐飲連鎖店金爸爸（PappaRich）來到臺灣開分店，至今仍從產地進口海南麵包，可見它的特色有多麼難以被取代。海南麵包有兩種作法，一種蒸、一種烤。我一向選擇蒸的，蒸麵包吃起來像熱呼呼的棉被，對於愛賴床的我來說，存在著尚未切割睏意的依戀性，而且放眼大陸、港臺的早餐店，幾乎是吃不到蒸麵包的。而咖央醬跟牛油也是其他地區難得一見的組合，好的咖央醬必須新鮮現做，不能久放，吃進嘴裡的是濃濃的南洋味，當然少不了要搭配生熟蛋與海南咖啡，來到大馬可說從一早就有戲。

我在大馬的日子，一天多半是從茶餐室開始的——蒸的海南麵包搭配熱咖啡（KOPI），再加上兩顆生熟蛋。能坐下來從容吃早餐的人多半有點閒暇，遇見華人時，一提到臺灣，他們多能找出關聯性，有人的小孩正在臺灣念書、有人曾經到臺灣旅遊，最多的大概就是看

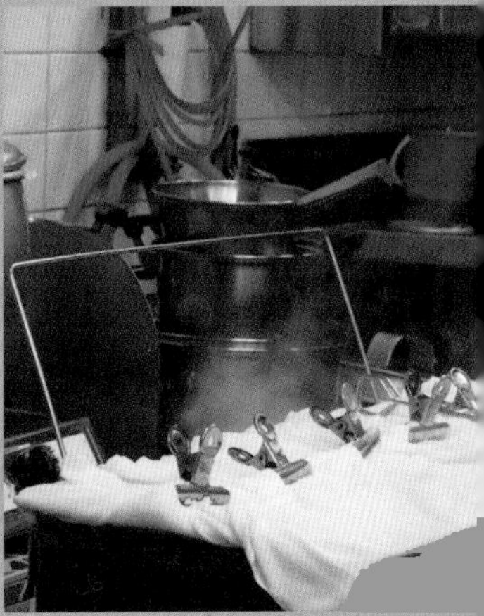

新新茶餐室

新新茶餐室的海南麵包有自己專屬的「蒸氣室」。

《夜市人生》、《娘家》之類的長篇閩南語連續劇，朋友對我說：「上次回家陪媽媽看（連續劇），主角都躺在病床上交代遺言了，隔半個月回家再看，他竟還沒死。」不消說劇名，幾乎就能確定是臺劇了。若有機會到大馬享用早餐，不妨跟鄰桌安哥或安娣輕鬆攀談，我自己的心態是有得聊或有意外收穫，碰釘子也無妨，之所以可能碰釘子是當地發生很多詐騙事件，許多人戒心重也是無可厚非。

海南麵包原型像枕頭

海南麵包原型像一顆高聳的枕頭，而被稱為「枕頭包」，此外又稱「孟加里（Bengali）麵包」。其由來有兩種說法，一種是海南麵包外型長得像錫克教的大頭巾，而那個頭巾就叫做孟加里；另一種說法則是源於一九二八年檳城一家名叫「Penggali」的麵包店，老闆是來自南印度的印裔穆斯林，這家麵包店所生產的高聳枕頭包被稱為「Penggali麵包」，因為發音接近，久而久之就從「Penggali」變成了「Bengali」。

可能是麵包從工廠運送到店家的過程多半裸露而無遮蔽，所以一般到店後會切除麵包邊，但也有店家會刻意留一邊，滿足愛吃麵包邊的人。至於麵包也有厚薄款，各家店提供的厚薄度不一，我愛厚切版，吃起來才有明顯的蓬鬆感。

我當地海南麵包控的朋友，還會一口氣買整顆枕頭包隨興用手抓取入口，或是把一撮麵包密壓成丸狀，享受鬆軟、緊實的不同咬勁。鄰近吉隆坡有個叫做安邦的小鎮，有家百年歷史的「新新茶餐室」，第三代阿生嫂沖咖啡、切海南麵包三十多年了，看她切麵包厚薄度不用尺量，毫不遲疑就下手，每片卻能一模一樣，分毫不差。

她難得見到外國人對她的海南麵包有興趣，興沖沖把自己壓箱寶統統搬出來，我還以為鐵杵磨成繡花針只是傳說，沒想到今生有機會見識到「鐵杵磨成繡花刀」，切海南麵包的西瓜刀用了十三年，鈍了再磨、磨了又鈍，一直遲遲捨不得丟，從刀片變成了刀線，刀不能說話，卻訴說了最多。我看到了阿生嫂也如刀般磨去了青春歲月，原來吃進嘴裡的不僅是麵包，還有時光。

新新茶餐室的麵包刀，把把訴説歷史。

蒸麵包如同蒸臉

蒸麵包也是一門學問，新新茶餐室的阿生哥為了蒸出好麵包而打造專屬麵包箱，為避免蒸氣直滴麵包，還幫箱子「綁頭巾」以吸收過多的水氣，避免麵包變得糊爛，跟女性蒸臉一樣用心。蒸麵包水分多寡是影響口感的重要關鍵，吃麵包也要分秒必爭，一旦沒有在第一時間吃，麵包背面跟盤底接觸點被悶住，就容易濕爛，影響口感；而麵包的表面因為接觸到空氣而變冷變乾，也同樣影響口感。

檳城超過一甲子的「多春茶座」是當地有名的排隊店，本地人、外地人與外國觀光客都會來此朝聖，大部分的人只能坐在搭起棚子的騎樓用餐，而既然要朝聖，建議各位膜拜一下鎮店之寶——「發爐」。這是我私下取的名字，因為各式各樣送上桌的食物幾乎全要靠這只爐具，可說是發財利器，稱為發爐應該不為過。

發爐的外觀像改裝過的桶裝燜爐，底層開口可以炭烤麵包，有位員工的工作就是重複把麵包放在烤架上，蹲著烤麵包，翻面再烤，要避免炭屑的火星掉到麵包上，還要留意火候，烤到上色又不能焦，是既枯燥又神聖的工作。爐桶上層用來煮熱水，切割成兩個半圓蓋，一

「發爐」底層可烤海南麵包、上層一邊有熱水沖茶跟咖啡，一邊可以蒸麵包。

多春茶座的生意很
好，人潮擁擠。

端煮熱水，可用來沖茶、咖啡，還可溫生熟蛋；一端則利用水蒸氣蒸麵包。店家如此這般款待蒸麵包，客人才能吃到水分足、鬆軟有彈性又不濕軟的蒸麵包。

炭烤海南麵包也迷人

我是一天都離不開海南麵包的，若到了馬六甲，我一早必會到有超過七十年歷史的「隆安茶室」報到。隆安茶室因為人手不足，因此經常要排隊久候，店家的牆面到處貼了好多「等」字，要焦躁不安的人們看到「等」字，馬上按捺下怒氣。後來許多人就暱稱隆安茶室是「等等等那家」，不知為何，看久了覺得像是符咒，我彷彿被催眠，好像來此就是得等，不等就渾身不自在。

隆安茶室

店家會趁熱先將海南麵包切一道切口，夾入牛油與咖央。

話說第二次造訪時，「等」字居然少了好幾個，我的內心果然不自在了起來，不免懷疑不景氣而使遊客大減，不再需要等了，只是對隆安迷來說倒也是好消息，我禁不住問了老闆娘：「等字怎麼變少了？」得到的回答倒是四兩撥千金：「被風吹走了。」

到隆安茶室別忘了嚐烤麵包，很多店家已經改用電爐烤麵包，這裡卻仍維持炭烤老味

（上）隆安茶室的海南麵包上的爪印，是一種熟悉的印記。
（下）茶室另一攤西刀魚丸粿條湯，味道極為鮮美。

道，至於蒸麵包則有個「正字標記」，就是麵包上有深深指爪印，那指爪印總讓我會心一笑，有種「真好，一切都沒變」的安心感。既已來此，建議順便來一碗西刀魚丸粿條湯，店家至今仍用新鮮西刀魚打漿揑丸，屬稀有級，湯頭清甜、魚丸細緻鮮美，驚豔程度不輸海南麵包。

海南麵包的靈魂伴侶

奶油跟咖央醬

海南麵包靈魂伴侶的不二人選，就是奶油跟咖央醬（kaya），咖央醬是用椰漿、鴨蛋或雞蛋、砂糖等材料以小火加熱攪拌而成。「鎰記」第二代李光漢說，西方人吃麵包習慣塗奶油或草莓果醬，草莓果醬需仰賴進口，太貴了，於是以咖央醬應變，反而成了在地特色。

以一般常見的法蘭西西多士（French toast）來說，常見搭配楓糖、蜂蜜或奶油，但在怡保開業一甲子的「國泰茶餐室」的「麵包煎蛋」，卻是少見的西方與本土的結合——法蘭西西多士搭配南洋咖央醬，那西多士無論是蛋液沾裹或油煎火候都表現得相當完美，邊邊角角

1

3 2

國泰茶餐室

1.餐室內的水吧。 2.搭配南洋咖央醬的法蘭西多士，是極致的罪惡、極致的滿足。 3.在海南麵包上晃動的生熟蛋也很迷人。

全兼顧到，一口咬下，有油汁、有蛋香，濃郁飽滿，沾咖央醬享用，是極致的罪惡、極致的滿足。

一般西式早餐店才不會為了提供吐司而自製草莓果醬，但大馬有的早餐店卻會自製咖央醬，比起西方人更講究。咖央醬需要手工攪拌至少一小時，而且要速度、方向一致，稍有不慎就會產生疙瘩狀而影響口感。我的當地朋友說：「小時候被母親指派攪拌咖央醬的家事，但總貪著玩，亂攪一通，煮出的咖央醬不滑順，還疙疙瘩瘩，常被母親罵得臭頭，現在回想起來，這倒是訓練孩童耐力的好方法。」

不只如此，咖央醬的味道各有特色，像巴生中國酒店會加薑末，有的強調椰漿味、有的著重香蘭葉味道。一致的標準是咖央必須細滑，安邦新新茶餐室是少數至今仍遵循古法自製咖央醬的店家，就符合新鮮細滑的標準。

至於奶油要指名「牛油」，不然多數店家會提供人造奶油

牛油與咖央是海南麵包的靈魂伴侶。

（margarine／乳瑪琳／馬芝蓮），奶油有的切成片狀，也有直接提供安佳小盒裝，而指名「雪油（冰鎮奶油）」，吃起來更有冰火交融的樂趣。據傳早年人們認為牛油能讓咖啡喝起來更順口，於是把夾麵包用的牛油溶到咖啡裡喝，還有人會把雪油含一口到嘴裡，搭配熱咖啡與杏仁露喝，但現在幾乎看不到這樣的喝法了。

此外，塗醬搭法也有門道，點餐時要搭配術語「鴛鴦」，有些地區稱馬來語「結婚（roti kahwin）」是指西方奶油遇上南洋咖央醬，共結連理。至於放法也有講究，有的店家送來時，奶油跟咖央醬已經夾入麵包內，這樣可以趁熱在第一時間入口，省卻塗抹過程造成的降溫，隆安茶餐室便屬於這類。也有的店家——像昌和茶餐室、中國酒店會把奶油跟咖央醬置於麵包旁，方便自行抹醬，優點是可以自由調整醬料比例，缺點是往往吃到第二片麵包就偏冷了。

生熟蛋也有學問

除了咖啡（茶）、海南麵包外，也不能少了生熟蛋。「我想再生一點點，我想再熟一點點……」每個人對蛋的生熟度需求都不同，而熟度往往總是差那麼一點點，比牛排還麻煩。

大馬咖啡店（kopitiam）的早餐裡，有一個選項就是生熟蛋，我回到臺灣，總是會很想念當地加了醬油跟胡椒粉的生熟蛋，有一次在臺灣一家飯店享用早餐，我請服務人員給我一顆「半生不熟的蛋，淋點醬油就好了」，不知是怎麼傳達的，送來冷冷的日式溫泉蛋，上面淋了柴魚醬油與七味粉，我才明白原來光是對一顆蛋的詮釋，就能看出飲食文化的差異。

吃生熟蛋的方式，有人打在盤裡，撒上胡椒粉、淋上醬油後打成蛋花吃，此為標準吃法。也有人愛用鐵湯匙敲開蛋殼頂蓋，用小杓挖著吃。有些店家是把生熟蛋打在杯子裡，比起盛在盤裡吃相文雅，在檳城就有一家茶餐室，會把烤好的麵包切成一個個小方塊，生熟蛋裝在杯子裡，可以用小叉沾附蛋液吃；還有店家會把生熟蛋直接打在麵包上，稱作「蛋治」。

再分享一個濃烈版吃法，烤麵包

生熟蛋是馬來西亞海南早餐裡重要的一員，吃法多樣。

生熟蛋的人生

大馬咖啡店一早生意就像在打叢林戰，店家哪有餘力幫客人顧蛋那生生熟熟的微妙差異，有些店家乾脆把蛋交給客人，告知等兩分鐘、三分鐘，過早或過頭了就自行承擔。把這重責大任交給客人，起源自常有囉嗦的客人要不就嫌太生、要不就嫌太熟，只不過有時人們一聊天就忘了時間，過生過熟也就只能悶著頭吃，自己的錯失怨不了人。

因為太愛生熟蛋，我還在當地買了「生熟蛋產生器」，回到臺灣經常在家以生熟蛋當早餐，器具底部有一個塑膠網片與小小的孔洞，把生蛋放入並注入滾水，然後蓋上蓋子，不同的雞蛋數量有不同的水位刻度，蛋數越多水位越高，底部有一儲水空槽，等水如水沙漏般慢慢往下滴，滴完了生熟蛋也就完成了，但常常「好像就差那麼一點點……」，蛋的生熟度似乎跟人生一樣，要不斷不斷地微調。

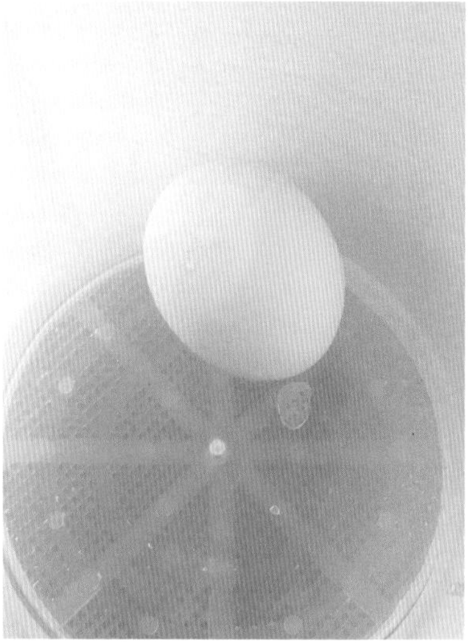

沾了淋上醬油、撒上胡椒粉的生熟蛋，有咖央的甜、醬油的鹹、蛋黃的濃稠、蛋白的清爽、麵包的焦香酥脆，多重層次味道一口嚐盡，以此當作一天的開始，會不會太刺激了一點？

海南麵包大變身

海南麵包不僅是早餐食物，同時也能變身成餐桌菜，「豬肉麵包（Roti Babi）」與「蔬菜肉碎麵包（Roti Sayur）」就是相當具有代表性的菜。

豬肉麵包中的Roti是馬來語中麵包的意思、Babi則是豬肉，這道菜簡單來說就是海南麵包夾肉，與臺灣臺南的知名小吃棺材板有異曲同工之妙。棺材板是將厚片吐司油炸後中間挖空，再填入以雞肉、豌豆、蘿蔔和墨魚等為配料的牛奶高湯芡汁，最後鋪上原本切開的吐司蓋，炸過硬挺的吐司片外觀看來就像棺材，而無論是Roti Babi或棺材板，兩者均用刀叉吃，不同於華人拿筷子的吃法。

檳城「海安飯店」是一家近八十年的海南菜老餐館，海南籍老闆謝是芳的父親過去就曾經在峇峇娘惹家中負責廚房工作，他從十八歲開始隨著父親腳步踏入海南菜世界，曾任檳城廚業聯合會主席，如今已年近七十歲。他所做的豬肉麵包是翻炒豬肉碎、高麗菜、沙葛、紅蘿蔔、洋蔥絲，再以白糖、胡椒粉、博愛堂五香粉調味，把厚麵包側邊切一個開口，放入前述炒好的餡料，沾滿蛋液後油炸。這是道經由海南人之手從西方飲食所演變的菜色，而馬來人不吃豬肉卻取了馬來發音的名字，是很特別的結合。

這道菜在市面上已不太多見，除非像海安飯店這樣一開始就打定只做華人生意，才會放豬肉作為食材，否則這樣的華人滋味很容易隨市場變調，變成放雞肉或其他食材，也幸好還有海安飯店堅持，才能讓現代人一窺檳城海南人的飲食原貌。只是專做華人的海南餐廳在大

日新茶餐室的蔬菜肉碎麵包（Roti Sayur）。

海安飯店

1. 豬肉麵包（Roti Babi）。
2.海安飯店將近有八十年歷史。
3.海安飯店第二代老闆謝是芳。

馬已不多見，謝是芳更悲觀認為，十年內檳城的海南菜就會失傳。

昔日產錫的小鎮太平，有家海南人經營近百年的日新茶餐室，曾榮膺大馬百家傳統咖啡店之一，也是太平少有的符合清真制度的華人飲食餐室，受到華人、馬來與印度三大民族喜愛。此店開發了一款「蔬菜肉碎麵包」，有點像雞肉絲蔬菜炒麵，只是把吐司取代麵條用來墊底，將雞肉絲、高麗菜絲、紅蘿蔔絲、青豆等配料拌炒過後鋪在麵包上，上頭鋪顆半熟荷包蛋，吃的時候將蛋劃開，連同麵包一起食用，是一道口味清淡的食物。

在太平經營近百年的日新茶餐室，
名列大馬百家傳統咖啡店之一。

INFO

太平日新茶餐室
電話_+605-8083250
地址_78-80, Jalan Pasar, 34000 Taiping, Perak.
時間_週一至週六08:00~21:00、週日09:00~17:00（週四休）

巴生昌和茶餐室
電話_+603-33422469
地址_1&3, Lorong Gopeng/KU1 Dataran Ocean, 41400 Klang, Selangor.
時間_07:00~18:00（週日休）

巴生中國酒店
電話_+603-33710996
地址_5, Jalan Stesen, 41000 Klang, Selangor.
時間_週一至週六06:30~18:00、週日或例假日07:00~14:00

安邦新新茶餐室
電話_無
地址_103, Jalan Besar, 68000 Ampang, Selangor.
時間_05:00~15:30（週五休）

吉隆坡鎰記
電話_+6012-3241616
地址_No.1, Jalan Kamunting, 50300 Kuala Lumpur.
時間_07:30~16:30（週一休）

怡保國泰茶餐室
電話_+605-5481577
地址_17A, Jalan Dato Tahwil Azhar, 30300 Ipoh, Perak.
時間_07:30~16:30

馬六甲隆安茶室
電話_+6012-6972255
地址_807, Lorong Hang Jebat, 75200 Melaka.
時間_平日08:00~16:00、週六日08:00~14:00（週四休）

檳城多春茶座
電話_無
地址_Lebuh Campbell, 10100 George Town, Penang.
時間_08:00~18:30

檳城海安飯店
電話_+604-2274751
地址_No.53-55, Burma Road, 10050 Penang.
時間_12:30~20:00（週一休）

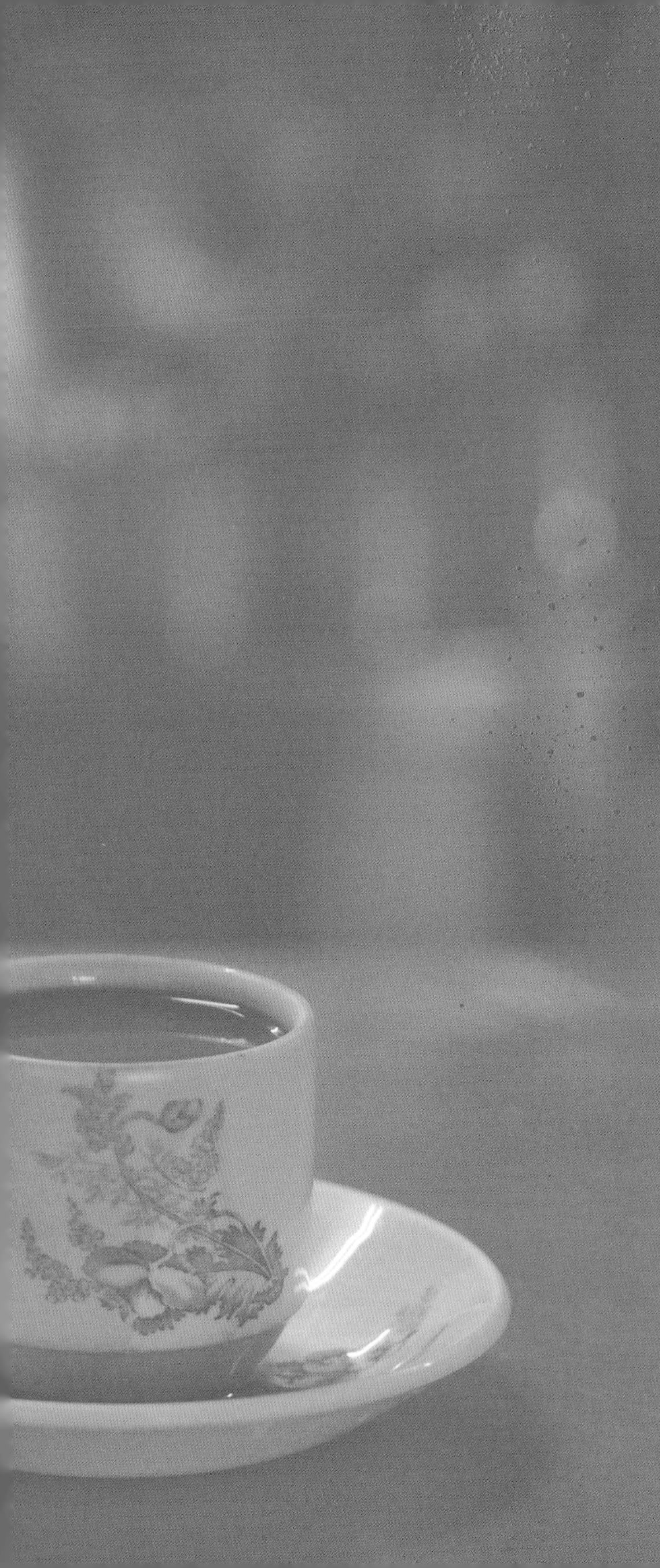

海南咖啡

Hainan Coffee

麻坡方水茶室

在大馬，喝上一杯中西合併的海南咖啡，是能最直接體驗當地庶民生活的方式。為何稱為海南咖啡，而不是英國咖啡或福建咖啡呢？食物名之所以冠上「海南」，是因為海南人下南洋時，採礦工作被廣東人佔去、碼頭工作被福建人佔去，海南人能從事的工作有限，於是到英國人或峇峇娘惹家中幫廚，俗稱「cooky」，一聽到這個名詞，人們便會聯想到海南人。

殖民時代結束後，海南人在坊間開起茶室，藉此將英國人吃麵包與喝咖啡的習慣帶進庶民生活中，由於是經由海南人所廣布，因此食物名稱前會加上「海南」二字，包括海南咖啡、海南麵包、海南咖哩、海南雞扒等。一般來說，海南人賣麵包、咖啡有品牌掛保證的效果，海南人也普遍被認為廚藝較好。

大馬是咖啡原產國，一般茶餐室使用的多是南洋咖啡，這種摻了雜質的羅布斯塔深焙咖啡豆，沖出來的咖啡焦苦味十足，那是當地人一天的開始，也是生活中不可或缺的逗點。咖啡原不該有雜質，不過烘豆工廠為了降低成本或者調整風味，而將麥粒、玉米粒、焦糖等混入咖啡裡以增加重量，並以人造奶油或棕櫚油炒製，供貨時咖啡豆已磨成粗顆粒狀使買方難以察覺，然而咖啡味道與口感想當然耳不會太好，為了掩蓋原物料的缺點，就需要靠奶水、沖泡技巧等方式來調整，那麼就非以人之力不可了，其中最主要的靈魂人物便是海南人。

到大馬喝海南咖啡，一口一口包含了英國的殖民背景、中國華南移民的墾荒開拓史，再加上海南人在有限條件裡展現的努力，使咖啡不再只是咖啡，喝到的是歷史是風情，如此獨一無二，還不準備來上一杯嗎？

西式咖啡杯配中式調羹

「早晨，父親先是用調羹啜飲燙口咖啡，接著用杯子就口喝；我則喝溢出杯外、落到碟裡的小小咖啡池，咖啡不那麼燙且小孩本不該喝太多。父子坐在茶室的露天餐桌，同吃一套早餐。」這是我大馬朋友的童年記憶，也是當地人生活中的咖啡文化。

為什麼當地的熱咖啡經常搭配中式調羹而非湯匙呢？西方人的咖啡杯會搭配鐵湯匙，用來加糖與攪拌；而當地人愛喝滾燙咖啡，因此提供中式調羹，像喝湯般舀來喝，這也是大馬「西方飲食華人化」的鮮明證據，成為自成一格、獨一無二的特色。

海南咖啡怎麼點？

記得第一次喝海南咖啡時，我告訴當地朋友我要喝不加糖、不加奶的黑咖啡，朋友略帶遲疑地點點頭，為我點了一杯原汁原味的「咖啡烏可頌（KOPI O KOSONG）」。我一喝才知道，大馬海南咖啡所展現的苦，跟我之前所喝過咖啡的苦完全是兩回事，我在臺灣喝到的咖啡像毛筆墨色，透過水分跟力道不同能帶出深淺度，那個黑有彈性、有變化。

海南咖啡的苦像是無底深淵，伸手不見五指，眼睛開跟闔看到是相同的黑，像一開始便給致命的一擊，因為致命，就沒有後面，通通死掉了。自此之後，我只知道不要點咖啡烏可頌，其他什麼都可以，那個咖啡之苦似乎是用來幫襯生命之苦，離鄉背井的苦、思鄉的苦、苦力的苦、貧窮的苦、飢餓的苦，每一種苦都足以致命，苦不是單一存在，而是像棉被似地一床一床疊上去，以為到了極限卻還有另一個極限，每一種苦都在測試生命的延展性，也是上天帶給人們的考驗（或者玩笑）——咖啡烏可頌的苦像在回顧生活的苦，無所遮掩、無所遁逃，一口一口吞入心底到胃裡。總之，到茶餐室懂得點飲料是很重要的。

我聽說點海南咖啡時，就算店家一樣拉沖咖啡，生客跟熟客喝到的味道卻會不一樣，這跟是否換了新粉、咖啡粉用量都有關係。有些店家欺生，就用已經使用過的咖啡粉繼續沖泡，光有顏色卻萃取不出什麼香氣；還有的店家雖然舀了新粉沖泡，不過粉量卻不像熟客那麼足。即便如此，到茶餐室還是試著點點看吧，一回生二回熟，我在吉隆坡茨廠街的何九茶店報到了兩三天後就變熟客了，至於咖啡有沒有越變越好喝？嘿嘿，人熟了什麼都好吃好喝。

到了茶餐室該怎麼點咖啡呢？有些店家牆上會貼上飲料菜單表，看起來複雜，卻是有規則可循。如果沒有菜單表，也可以對照下頁的表格來點選，表中的發音近似福建話，至於為什麼海南人開的店，產

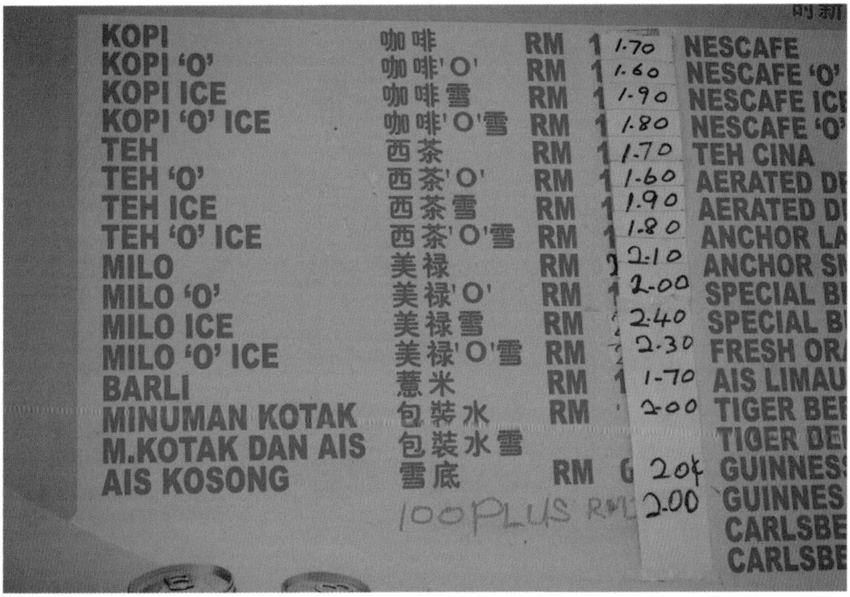

從咖啡店的價目表，可以清楚海南咖啡的點法。

品卻以福建話發音？關於這個問題，當地人的答案也莫衷一是。

其中最普遍、最多人點的是咖啡（KOPI），指的是黑咖啡加煉奶與淡奶；而咖啡烏（KOPI O）在福建話中意指「烏咖啡」，也就是黑咖啡，然而它只是看起來黑，其實加了白糖。有此一說，英國人點咖啡會說「黑咖啡（Black coffee）」，這個「烏」也可能是這樣轉譯而來。

真正全黑的咖啡是「咖啡烏可頌（KOPI O KOSONG）」，「KOSONG」是馬來語中空空如也的意思，也就是咖啡裡什麼也沒有。至於

點飲料看這裡

名稱	含意
咖啡（KOPI） →	黑咖啡＋煉奶＋淡奶
咖啡烏（KOPI O） →	黑咖啡＋白糖
咖啡西（KOPI C） →	黑咖啡＋淡奶＋白糖
咖啡烏可頌（KOPI O KOSONG） →	無糖黑咖啡
茶（TEH） →	紅茶＋煉奶
茶烏（TEH O） →	紅茶＋白糖
茶西（TEH C） →	紅茶＋淡奶＋白糖
摻（Cham） →	KOPI＋茶
摻O（Cham O） →	黑咖啡＋茶＋白糖
咖啡冰（KOPI Peng）或 咖啡哎思（KOPI Ais） →	冰KOPI

「咖啡西 KOPI C」是黑咖啡加淡奶和白糖，這個「C」代號普遍被認為是當時知名淡奶品牌「Carnation Milk（三花奶水）」的「C」開頭，罐上有三朵康乃馨為標記。弄清楚了咖啡的點法，茶（TEH）的部分就可以大致比照辦理。

此外，如果要喝冰的，則在品項名後加福建話的「冰（Peng）」或馬來話的「哎思（Ais）」，舉例來說，點冰咖啡就說「咖啡冰（KOPI Peng）」或「咖啡哎思（KOPI Ais）」。光是咖啡就可以同時集馬來話、福建話、英文於一詞，從這裡你是否也感受到大馬語言多樣而強大的威力呢？

下午茶與拜票

在大馬咖啡店裡若看到一個人來喝咖啡或茶的話，通常是伴著一份報紙慢慢看；若是兩人以上，就往往是喝咖啡聊是非了。大馬有的地區還有喝下午茶的習慣，在柔佛州有一個叫做居鑾的地方，當地居民每到三點一刻便會湧到鎮上茶餐室喝下午茶，若靠近選舉期間，候選人才不去商場、市場呢，而是趕緊利用短短一小時跑遍各茶餐室拜票，據說效果最好。

海南咖啡的煮法與喝法

怎麼樣才算得上好喝的海南咖啡？無論KOPI或TEH，一致追求的標準就是「細滑」。大馬知名連鎖餐廳PappaRich（金爸爸）表示，KOPI同時使用煉奶跟淡奶，雖然都是奶製品，但兩者功用不同，淡奶主要是使咖啡口感細、滑、順，而煉奶則是帶出甜味與香氣。

每家茶室的沖煮方式都不同，以PappaRich為例，首先以熱水溫熱咖啡壺，再將磨好的咖啡粉放入空壺中以攪拌棒攪拌，再加入熱水燜蒸兩分鐘，連同咖啡壺的出水孔也蓋住來燜。接著用細長茶袋對沖兩次，拉沖時動作緩慢使其充分萃取，最後再加入兩匙熱開水稀釋，並

沖海南咖啡一開始要燜蒸，壺嘴跟壺口都要蓋住。

沖拉咖啡的動作很美，咖啡在空中拉出美麗的弧線。

將沖煮好的咖啡放入保溫壺保溫，這便是「咖啡原汁」，可因應客人點的不同商品進行加工調配，須在一小時內使用完，留存過久的咖啡會出酸味，超過一小時就要倒掉不用。

自小在家族開的海南咖啡店長大的陳明記老闆陳鈺培說，海南人認為幫助咖啡中的空氣排出，能使咖啡達到滑順細緻的效果，因此早年師傅會用鐵湯匙快速攪拌，以幫助咖啡「排氣」。攪拌過程中，湯匙會連帶撞擊到杯緣，過去在海南人經營的咖啡店裡，整家店都是叮叮叮的聲音，這是需要練就的技巧，如果功力不好就會使得咖啡在攪拌過程中四處噴濺。現在比較講究的店家，會改用小型不鏽鋼攪拌器，透過雙手搓動使其在咖啡液體中旋轉，認為這同樣能達到「排氣」效果。

咖啡杯須先以熱水溫杯，KOPI的作法是在杯底先倒入濃稠的煉奶，再分別倒入淡奶與咖啡。喝KOPI是有技巧的，濃稠煉奶沉在咖啡杯底部，淡奶與咖啡則在上層，透過湯匙攪拌程度可控制甜度與濃度。若不想喝太甜，那麼只要輕輕攪動煉奶的上層，使其與咖啡混合；若愛喝甜一點，就充分攪拌，便會咖啡甜、奶味重。

當地普遍認為沖煮咖啡需要用滾沸的水，沖出的咖啡才香，我則猜想咖啡在拉沖萃取過程會降溫，而淡奶是直接從罐頭倒出，屬於常溫，兩者都會壓低咖啡最終溫度，而當地人又追求咖啡燙口的標準，在溫度與速度的壓力下，以滾沸開水沖泡咖啡便成為一種必然。

咖啡無論是在茶袋或茶壺自高處拉沖，結果往往會溢出杯外，在杯緣掛著如蠟滴般的咖啡痕，彷彿說明咖啡有多稠多濃。濃稠咖啡沿著杯緣掛汁，光看到這樣的畫面，內心就會升起某種安心感。

KOPI的咖啡與奶是分層的，依照自己喜愛的甜度考慮攪拌的深度。

我則喜愛玩一個自己發明的咖啡小遊戲，每次只喝一口，有時大口有時小口，接著停頓久一點的時間，讓杯緣隨著咖啡的水平面，留下一圈圈寬窄不一的咖啡痕，是時光的刻印，我稱它「咖啡年輪」。

製造「咖啡年輪」是我喝海南咖啡的樂趣之一。

咖啡店的飲料點不點?

在大馬的茶餐室裡，一坐下來，不管吃哪一攤或者不吃，飲料小販便會前來問你要喝什麼飲料？可喝可不喝，飲料不外乎薏米水、咖啡、茶、美祿或汽水、中國茶，這些茶水攤只提供基本款式，多數只求有不求好，品質不到位。

有些顧客覺得不點好像過意不去，但點了又不美味，而且多數是含糖飲品，對身體健康不好；即使點不含糖的中國茶，茶質平劣、茶湯淡薄，茶餐室整體的飲料水準其實為人詬病許久。

怡保白咖啡

只要到大馬，許多人會買三合一白咖啡當伴手禮。白咖啡是白的嗎？白咖啡是什麼？關於白咖啡的定義，普遍是指在烘焙過程中添加較少雜質的咖啡豆。有些資料說是完全不含雜質，根據我走訪幾家白咖啡名店，店家證實還是有添加的，只是添加物較少。各名店使用的咖啡豆種類不一，像江氏咖啡一開始使用本土利比利卡（Liberica），後來因本土利比利卡產量漸減，改用進口利比利卡、阿拉比卡（Arabica）和羅布斯塔（Robusta）三種豆子。

白咖啡緣起於一九五〇到六〇年代的怡保人，喜愛喝雜質相對不那麼多的咖啡，沖煮出的咖啡色澤也相對「白」一些，不過當時並沒有人稱其為白咖啡，只能算是區域間流行的特色咖啡。

在怡保，提供白咖啡的茶室，除了指咖啡豆外也指特定的調配方式，白咖啡就是白咖啡，沒有白咖啡烏、白咖啡烏可頌這些選項。白咖啡是在咖啡中加入淡奶與煉奶，多數採高空拉沖方式，普遍認為這樣可以幫助排出咖啡裡的空氣而讓口感更滑順，上桌時咖啡表層布滿細緻氣泡為其特徵。這種高空拉沖的方式是嬤嬤慣用的手法，在嬤嬤檔一定可以看到這樣的高空拉沖法，也有華人採用這樣的方式沖泡咖啡，但動作不像嬤嬤那般誇張。

三大白咖啡名店

白咖啡源自廣東人聚集的怡保，在怡保有三家提供白咖啡的名店，分別是南香、長江（江氏）、新源隆。這三家各有號稱——南香是第一家推出三合一白咖啡的店家；長江（江氏）第一家走出怡保的白咖啡品牌；新源隆則是怡保現存最早的白咖啡店。

一九八九年，在怡保大和園有一位叫江永強的人開了一家「長江茶室」，他腦筋動得快，兼做門市與批發，尤其鎖定剛準備創業的咖啡店。他認為那些即將開業的咖啡店老闆，對咖啡粉較無品牌忠誠度，容易從此切入，然而白咖啡粉的售價還是南洋咖啡的好幾倍，一開始推銷成效不佳，他說：「我就泡了好幾杯不同咖啡請他們（業主）喝喝看，問他們哪杯好喝？他們都選了我的咖啡。」白咖啡總能得到壓倒性勝利，而逐漸被市場接受，強化他把白咖啡賣到外地茶室去的信心。於是生意越做越大，他推廣白咖啡粉不光銷售，還提供教學服務，免費教導業主如何快速沖泡出一杯好喝的海南咖啡。此外，還提供剛開幕的店家寫著

江氏白咖啡茶室

1.江氏白咖啡茶室的創辦人江永強與女兒江秀潔。
2.白咖啡粉的獨家配方之一是鹽。
3.冰白咖啡（淺色）與冰海南咖啡（深色）。
4.白咖啡的咖啡表層有豐富的泡沫。
5.早年以鐵匙敲擊打出氣泡，匙尖磨平較易操作。

「長江白咖啡」的海報，無形中為長江、也為白咖啡打下知名度。

第二代開枝散葉，江永強之子江健龍開設新門市「長江白咖啡」，著重白咖啡的行銷推廣；江永強之女江秀潔則在創始店原址改店名為「江氏白咖啡茶室」繼續經營，她自求學期間就是江永強在茶室裡的幫手，接觸白咖啡至今約三十年歲月，對沖煮白咖啡的時間拿捏與手法自有一套風格，並創立了自有品牌的烘焙廠。我在江氏白咖啡茶室見識到獨家配方的白咖啡粉，看到咖啡粉中摻有白色顆粒物，顆粒完整，料想是咖啡磨粉後才加進的東西，江秀潔揭密，原來配方之一竟是鹽，咖啡加鹽，真是出乎我意料之外。

而白咖啡之所以發揚光大，還要歸功於另一家創立於一九五八年的「南香茶室」。南香第三代創立「舊街場白咖啡（Old Town White Coffee）」品牌，成為第一位生產三合一白咖啡即溶隨身包的業者，大量且快速拓展鋪貨通路，不僅大馬，海外許多大型超市裡幾乎都買得到，而他所創立的同名複合式咖啡館，更成為大馬第一家連鎖海南咖啡店，同時也是大馬第一家上市的本土咖啡店。

已有兩百多家連鎖咖啡館的舊街場白咖啡，在二〇一七年底以馬幣十四億元（約臺幣一〇八億元）的天價賣給了荷蘭ＪＤＥ公司，但創始店南香茶室在怡保始終保留原有規模與

南香茶室

（上）第二代夫妻吳家健與周坤玲。
（下）南香白咖啡。

經營模式，還曾入選「一百家最具風味傳統咖啡茶餐店」，許多人到怡保總要到南香朝聖一番，有時還能在店裡看到第二代夫妻吳家健與周坤玲的身影，周坤玲雍容華貴，造型帶有一種傳奇與戲劇性，讓我一見難忘。只是南香現在改用半機器式泡咖啡，少了那麼點老味道。

若想喝傳統白咖啡，還可以考慮在南香對面、創立於一九三七年的「新源隆茶室」，那是當地人也會去的店。早年怡保以錫礦聞名，許多淘金者蜂擁而至，使得餐飲業隨之興盛。王寶朝、王寶昌兩兄弟在此背景下，在舊街場創立了新源隆（Kedai Kopi Sin-Yoon Loong），是怡保舊城區現存最古老的茶室之一，目前仍維持人工沖泡咖啡。

喝海南咖啡去

在大馬，海南咖啡是很普遍的，對我來說，不僅只是喝咖啡，還喝情懷，幾家充滿古風慢時光的咖啡館著實令人著迷，以下幾家是我個人偏愛的店家。

新源隆白咖啡

新源隆白咖啡是怡保舊城區現存最古老的茶室之一。

喝進茨廠街的味道——何九茶店

若旅遊時間跟交通手段有限，又只停留在首都吉隆坡，那麼光到茨廠街裡的何九茶店，就能完整體驗到扎實的華人早餐風景。何九茶店的店名正是老闆的名字——何九，他是海南人，戴著一副黑框眼鏡，經常笑瞇瞇的，進出這店的客人許多是茨廠街商家或是當地老住戶，還有像我這種觀光客，我下榻的旅店就在茨廠街附近，因此一連在何九混了好幾天。

長廊式的茶店分為三區，一大清晨天氣涼爽，不妨坐在露天靠牆座位，舒舒服服吃上一餐。不過我曾經很幸運地遇上從天而降的鴿糞，尖叫一聲，不偏不倚落在掌心上，好像是我

何九茶店 何九茶店位於茨廠街一帶，是當地人跟觀光客都會去的咖啡店。

老早等在那裡接似的，暖暖熱熱，非常新鮮，至少是我在臺灣未曾有過的早餐經驗。

第二區是室內區，也就是熟客區，不同時段有不同熟客，平均年齡六十歲起跳。他們不僅能如數家珍般介紹茨廠街的吃喝玩樂，談起臺灣，他們的記憶停留在秀場年代，尤雅、鄧麗君、姚蘇蓉等等，待的時間再久一些，可能連誰的八卦都告訴你。

何九茶店的店尾，有茨廠街充滿沉鬱的寫實氣味。

第三區則在茶店尾，要穿越廚房走到幽暗不明的露天畸零地。茨廠街是吉隆坡最早開發的地區，現今雖已經成了觀光景點，但當年龍蛇雜處，有那麼一點萬華印象。何九茶店不在主要動線區上，屬於後巷，而茶店尾更可以看見其他店家不加妝點的背陽面，斑駁牆面殘留著的是時光痕跡，充滿沉鬱的寫實氣味。

「百分百咖啡」的海南咖啡——陳明記麵家

位於八打靈再也的陳明記麵家，儘管主打的是廣東叉燒，卻有我喝過最細緻的海南咖啡，老闆陳鈺培也對他自己的海南咖啡相當自豪，只不過非他本人親自沖泡不可，不然伙計只是依樣畫葫蘆也難以到位。陳鈺培的母親是海南人，他自小在庶民海南咖啡茶室裡長大，本身又受過高等英文教育，在兩種不同文化影響下，使他的作法不是照本宣科，而是透過理性思考、科學驗證而自成一格。

大馬一般咖啡店不像臺灣咖啡自烘店，有自行烘焙咖啡豆、賣咖啡豆商品與沖煮咖啡這樣一條龍式的作法。店家會向咖啡豆廠商進「咖啡粉」，咖啡粉不是單純的咖啡豆，而是以咖啡豆與雜質所研磨而成的細碎顆粒，一般會依照市場需求挑選白咖啡粉或南洋咖啡粉，兩者擇一使用。

陳鈺培則同時添購兩款咖啡粉，在同一杯裡可以喝到調和了的白咖啡與南洋咖啡，之所以這樣調配，是他認為吉隆坡

陳鈺培沖泡的海南咖啡層次感豐富，口感柔順、氣味飽滿。

陳明記麵家的店主之一陳鈺培。

人喜愛厚重、尾韻甘且能提神的南洋咖啡，而白咖啡香而不苦，結合兩者便能得到同時兼具滑、順、苦、香的咖啡。

他從義式濃縮咖啡機裡得到靈感，以高溫和極少水量，用高度濃縮方式萃取南洋咖啡，以長茶袋重複拉沖，咖啡汁液稠得近似膏狀，白咖啡則以一般水量比例沖泡備用。他將溫好的咖啡杯先加入三分之一杯量的濃縮南洋咖啡、淡奶與煉奶，再以雙手摩擦不鏽鋼攪拌器，攪拌器頭在咖啡中快速旋轉，綿密氣泡就逐漸成形，使咖啡達到滑順效果，一般店家接下來會以熱開水補足一杯的份量，然而陳鈺培則是補足整杯的白咖啡，真材實料。他還針對重度上癮者推出加強版，就是雙份南洋咖啡，在杯底與杯面各加一回，如此像雞尾酒般依照比重不同分層添加，主要目的就是希望消費者喝下第一口就強烈有感，「帶勁（kick）！」正是他想表達的。

大馬之外的海南咖啡——PappaRich

在二〇〇六年創立於吉隆坡的PappaRich，主打飲品與當地街頭小吃，為一家海南咖啡連鎖店，目前在大馬有八十多家分店，在全世界十一個國家擁有上百家連鎖店，包括中國大陸與臺灣，成功將大馬「咖啡店文化」推向國際，是發展相當迅速的大馬餐飲品牌。

舊街場白咖啡與PappaRich同為海南咖啡連鎖品牌，不過以我個人經驗，在整體品質上PappaRich比舊街場白咖啡要來得好。而且現在不到馬來西亞也能享受到海南咖啡，由欣葉與唐宮餐飲集團共同代理的臺灣金爸爸，除了可以品嚐到現泡的白咖啡，也別忘了搭配PappaRich的鎮店之寶「海南麵包」一同享用，麵包不交由臺灣烘焙工廠代工，而是堅持由大馬空運到臺灣，重視原汁原味，自然發酵的麵包鬆軟中帶點濕潤，是咖啡或茶的絕配。

此外，店內還有多款大馬當地流行的特色飲品，像白豆漿裡摻著條狀黑仙草的「豆漿涼粉」，一杯裡同時有黑有白，因而被大馬年輕人暱稱為「黑白」或「麥可傑克森」，好喝又有趣。

PappaRich

（上）在臺灣的金爸爸也喝得到現沖白咖啡。
（下）豆漿涼粉。

INFO

八打靈再也陳明記燒臘
電話_+6012-6881972
地址_44, Jalan SS2/66, 47300 Petaling Jaya, Selangor.
時間_08:30~19:30（隔週一休息）

吉隆坡PappaRich
電話_+603-28560961
地址_T-237A&B, 3rd Floor, The Gardens Mall, Lingkaran Syed Putra, Mid Valley City, 59200 Kuala Lumpur.
時間_週日至週四09:00~22:00、週五、週六09:00~22:30

吉隆坡何九茶店
電話_+6019-2086838
地址_Lorong Panggong, Off Jalan Petaling, 50000 Kuala Lumpur.
時間_06:00~15:30（週日休）

怡保江氏白咖啡
電話_+605-3233589
地址_No.171, Jalan Pasir Puteh, 31650 Ipoh, Perak.
時間_08:00~24:00

怡保長江白咖啡茶舖
電話_+605-2538896
地址_7, Jalan Windsor, 30250 Ipoh, Perak.
時間_09:00~18:00

怡保南香白咖啡
電話_+6012-5888766
地址_2, Jalan Bandar Timah, 30000 Ipoh, Perak.
時間_06:00~17:00（公休依店家公告）

怡保新源隆茶室
電話_+605-2414601
地址_15A, Jalan Bandar Timah, 30000 Ipoh, Perak.
時間_06:00~17:30

臺北PappaRich金爸爸南港店
地址_臺北市南港區經貿二路166號1樓（中國信託金融園區A棟）
電話_02-2785-7677
時間_週一至週五11:00~21:30、週六日10:00~21:30

臺北PappaRich金爸爸信義店
地址_臺北市信義區松壽路9號7樓（信義新天地A9 ）
電話_02-8786-7001
時間_11:00~22:00

潮州炒粿條

Char Kuev Teow

金寶蹲凳蚶蛋粉

源自於中國潮汕地區的粿條（Kuey Teow），是一種以米漿加入植物性澱粉所製成的粿品，潮州的粿品本身變化就相當多樣——把粿切成一塊塊就變成糕粿（或稱粿角），摻入白蘿蔔就變成菜頭粿，裝在小缽裡蒸熟就變成水粿，蒸成薄片切條就變成粿條，薄片曬乾後切成三角形片狀就是粿汁（或稱粿什）。此外還有各式各樣潮州粿，可包餡或不包餡，餡又可分包鹹的跟包甜的。

炒粿條之所以能異地開花，背後的關鍵人物就是潮汕人了，潮人一向給人具冒險拚搏精神的印象，以潮汕總人口數來看，約有一半比例的潮汕人在海外，臺灣、港澳、星馬、印尼等地都有潮州人的蹤跡，其中以泰國的潮州移民人數最多，超過五百萬人，潮商已自成一支重要的精銳移民部隊，如華人首富李嘉誠、臺灣中泰賓館創辦人林國長都是其中代表。

隨著潮州移民的腳步，在臺灣、東南亞等地都能吃到炒粿條，大馬炒粿條的口味變化尤其豐富，也是檳城的代表食物之一，依據地域而有各自獨特的口味，甚至連大馬三大種族之一的馬來人也受到影響，創造了馬來式的炒粿條，馬來西亞把炒粿條發揚光大，沒吃過炒粿條，別說你到過大馬。

泰式炒粿條Pad Thai

炒粿條隨著潮州人外移而在各地留下足跡，若用人類疆域的概念來說明，福建薄餅跟潮州炒粿條都算各自建立了一個大帝國，泰國的潮州移民眾多，炒粿條也是當地華人相當普遍的食物。

研究泰國美食的資深美食記者平子說，二次世界大戰時，泰國國內充斥排華氣氛，泰國首相頌堪（Plaek Phibunsongkhram）為強化泰國民族主義，讓華人改泰姓、說泰文以取得泰籍，連飲食中的炒粿條也要去中國化，炒粿條經過重新詮釋，並有了新名字「泰式炒粿條（Pad Thai）」，Pad是泰文「炒」的意思、Thai就是泰國，就這樣把炒粿條變成了泰國人的食物，而國人也以吃炒粿條視為愛國心的表現。

泰式炒粿條的口味也與大馬不同，普遍來說，炒醬有紅蔥頭、蒜頭、魚露、棕櫚糖等，最重要的是有羅望子醬；炒料則有蝦米、蔥、豆芽菜、黃豆乾、蛋等；桌上附有調味品，可依個人口味調配，比較講究的餐館會附上檸檬、魚露、糖粉、花生粉四款，小攤販多半只備其中一兩款。

作法與風味各異的炒粿條

炒粿條像是在許多國家都領有護照似的，到不同國家或地域有不同稱法。在臺灣熟知的炒粿條有兩種說法，一種是普通的炒粿條（或炒粿仔條），另一種是在港式茶餐廳裡常見的「炒貴刁」。這是個有趣的歷程，潮州人稱粿條「Kway Teow」，在星馬一帶大致延續同樣的發音，而往來星馬經貿或旅遊的香港人，把這道已經融入南洋風的炒粿條又帶回香港，依據發音譯成了「貴刁」，一道食物源自於中國又紅回中國。

此外，在大馬有廣東移民的地方，會稱炒粿條為「炒蛤蛋粉」或「鮮蛤炒粉」，在泰國稱為Pad Thai，馬來人的炒粿條則忠於原音為Char Kuey Teow。

臺灣炒粿條型態與潮州相近，且被視為米麵主食的選項之一，只要有菜有肉皆可炒，沒有特定的配料與醬汁，跟炒米粉、炒麵是一樣的概念。大馬炒粿條則不同，一定要有黑醬油與血蛤，還有固

不同地區、不同籍貫對炒粿條的稱法不同，也有店家像這樣把炒裸（粿）條跟蛤蛋粉稱法混在一起。

2
1
3
4

1.麻坡知名的烏達烏達（Otak otak）。
2.把烏達烏達用來炒粿條，是麻坡特色。
3.在太平有很多賣炒魚丸粿條麵的攤販。
4.太平的炒魚丸粿條。

定的炒醬與炒料，獨樹一格。炒醬部分，檳城會連著辣椒醬一起炒；怡保跟金寶會在炒粿條之外，另以小碟附辣醬跟酸柑；馬六甲會加甜醬油炒；至於麻坡，則會用到魚露、黑醬油和甜醬。這個甜醬其來有自，在潮汕原鄉，早期吃炒粿條會撒白糖，來到麻坡就把糖粉與醬油二合一，桌上會有一瓶醬油跟印度黑糖煮成的「潮州甜醬」，讓客人自行加到粿條裡調味。

炒料部分，蛋、豆芽跟臘腸是少不了的要角，有的店家則會放蝦仁、韭菜，每家店都有自己的食譜，早期必放血蚶，後來因為血蚶數量越來越少、價格越來越貴，很多店家已經不放了。

檳城炒粿條聞名大馬，每家都有不同的風味，是到檳城必吃的食物之一，至於麻坡也有不得不吃的炒粿條，是在炒粿條時加入一種東南亞食物「烏達烏達（Otak-otak）」，叫作「烏達烏達炒粿條」，是一道南洋食物與華人主食結合的鮮明代表。在太平的炒粿條還分為乾、濕式兩種，乾炒粿條是普遍常見的那種，濕炒粿條並非粿條湯，而是比乾炒粿條多一些醬汁，因為是加入高湯拌炒，不如一般炒粿條講究鑊氣。這道食物為太平專有，至今已有近百年歷史，由魚丸粉演變而來，稱作「炒魚丸粿條」，放入魚丸、魚餅、油菜（取代豆芽）、豬肉、黑醬油、醬油、魚露，炒好後放上幾片叉燒並撒上油蔥酥。

在作法上，來自檳城威省大山腳的廚師伍偉杰（Marcus）告訴我，大馬炒粿條必須從頭到尾全程大火快炒才行，炒粿條如果沒有鑊氣，猶如失去靈魂。鑊指的是大鍋，鑊氣指的是經由猛烈大火，讓大鍋內的食物達到色香味俱佳的巔峰狀態，而炒粿條就是相當重視鑊氣的食物。這也是每當我點炒粿條都有一種罪惡感的由來，大馬攤販多數沒有安裝抽油煙機，炒粿條一開鍋就火煙瀰漫，粿條有專屬短版鍋鏟，身體必須更靠近炒鍋，廚師像站在火堆裡，被煙燻到瞇著眼、皺著眉，雙手沒有停過，像拿命來炒，真讓人於心不忍。

與火花共舞的太平炒粿條

朋友在帶我前往炒粿條攤的路上賣關子說：「今晚要吃煙花炒粿條，身為太平人，我一定要把太平最厲害的拿出來。」我想像著煙花炒粿條到底是吃炒粿條看煙火秀，還是粿條配料多得像煙花一樣繽紛？

入夜了，太平「華順炒粿條」才正要登場。到了店門口，只見老闆佝僂的身子在黑夜中顯得更為瘦弱，許多人不像平常吃飯那樣兩兩對望，而是搬了椅子並肩坐，像是坐在戲臺下，並往爐臺方向望去。

黑夜裡的太平華順
煙花炒粿條，綻放
燦爛奪目的煙花。

精采的才要開始，老闆演著獨角戲，一手時而抽拉風扇、一手翻炒粿條，炒粿條是一道跟時間賽跑的菜，全程大火之下，為了避免焦鍋必須快速翻炒，而老闆卻光憑單手，一手管火一手管鍋，進入一種無我境界。隨著風速，炭火在黑暗中噴出一陣陣星火，奔騰得像要竄上天去，如煙花般璀璨奪目、稍縱即逝，故而得名「煙花炒粿條」。香氣、火花、鍋鏟鏗鏘聲交錯，聲光效果十足，讓人神醉。

細問之下，才知道老闆八十歲了，而炒粿條就炒了將近五十年，可能是大馬目前最高齡的炒粿條人。生命超過一半歲月埋首鍋鏟中，他在鎂光燈的鼓動下舞得更起勁，原不忍他還要在油煙下走跳江湖，但轉念一想，八十歲還能憑靠手藝帶給人們溫飽與感動，可說是福氣也是功德。

還冒著熱煙的粿條鋪上鴨蛋包，一劃開，膏汁橫流，拌著粿條吃更是濃香無比。這是一款相當經典的炒粿條，其中有幾個重要元素：大葉婆、

到華順煙花粿條可同時滿足五感，既美味又精彩難忘。

血蚶、鑊氣十足。早年還不時興塑膠袋，食物會用大葉婆盛裝，像包生豬肉、包炒粿條等，不過隨著工人難尋、新鮮的大葉婆保存不易、天然樹葉會乾枯變黃，使用大葉婆的人越來越少，在這裡吃炒粿條還能看到盤底襯大葉婆，鮮綠搭配上鴨蛋黃，色彩鮮明，是店家不變且難得的心意。

另外，配料保留了血蚶與蒜米，對很多當地人來說，沒有血蚶的炒粿條哪能算炒粿條！在血蚶數量短缺，很多店家越放越少甚至不放的情況下，還能在華順吃到鮮嫩血蚶，真是幸運。這家店雖位居小鎮，而非交通要道，但老闆年事已高，味道經典美味，被我與芙蓉潮州滑雞飯同列為吃一次少一次的店，想吃要把握時間、珍惜機會。

與時間賽跑的檳城炒粿條

炒粿條是檳城的代表食物之一，光是炒粿條食譜就有上百種，檳城分為檳島（檳榔嶼）跟威省兩區，威省大山腳一帶尤其以鴨蛋炒粿條馳名。我跟林金城曾在檳城路邊吃了一攤炒粿條，我從未看過他生氣，但那次他竟為了粿條而生氣起來，「炒出這種粿條，實在太丟臉了！」我說：「沒關係，總也算是吃過了。」顧不得原本該趕路回吉隆坡，他堅持轉戰七條路巴剎內的一攤炭炒粿條，巴剎指的是市場，七條路巴剎是檳城一個菜市場兼小販中心。

從他生氣的狀態來看，大概是已經到了國恥等級，尚未到攤子前，大老遠就聽到炒鍋鏗鏘有聲，猶如刀劍相接。他放心地說：「這才是炒粿條該有的聲音。」只見攤子老闆陳木泉炭火猛攻，粿條隨著炒鍋翻轉，林金城示意我繞到攤子後頭，像從劇場前臺走到後臺——咦?!老闆光腳丫炒粿條？這家店雖有店名「七條路炒粿條」，不過當地人還是直稱為「赤腳仙炒粿條」，果然其來有自。陳木泉說他從十二歲開始炒粿條，後來發現光腳比較靈活自在，如今已經六十二歲，穿了鞋反而不會炒了。

檳城在二〇〇八年獲聯合國教科文組織列為世界文化遺產，也間接改變了檳城的外食文化，一下湧入過多的觀光客，原本的傳統小吃攤應接不暇，有的店家開始逐步抬高售價，有的店家過去炒粿條是一盤盤炒，如今變成一鍋炒，品質大幅下滑。至於陳木泉則挑選厚度比一般厚的粿條，先預炒一次，等到客人上門再炒第二次，一盤盤炒，他認為這樣火候才足。

炒粿條上桌時還直冒熱煙，蛋碎香中帶滑，吃得到血蚶、蝦、臘腸、豆芽、雞蛋跟韭菜，該有的料一樣不少。多虧了先前那盤，一時高下立判。火那樣無形的東西竟能越過鐵鍋烙上粿條，我吃到了火的餘味，口口噴香，甚至還能感受到粿條快樂扭著身子，與火霹靂啪啦的聲響一同舞動的畫面，真是神奇。此刻我才明白，炒粿條雖是庶民小食，也要有了鑊氣才有了靈魂，才有生命。

七條路炒粿條

位於檳城七條路巴剎內，又稱為赤腳仙炒粿條，盤盤鑊氣足。

檳城另一處炒粿條的代表，就非大山腳鴨蛋炒粿條莫屬了，大山腳是全馬華人人口比例最高的地區，當地朋友回想起小時候，會從家裡拿一顆鴨蛋放在口袋，小心翼翼騎著腳踏車，到炒粿條攤子上請老闆代客烹調，除了炒粿條原本就有的炒鴨蛋碎之外，將那顆帶來的鴨蛋煎成半熟荷包蛋蓋在粿條上，吃的時候搗破讓蛋黃流出，鴨蛋又比雞蛋濃郁狂野，別有一番風味。

大山腳炒粿條以「阿慶炒粿條」最知名也最具代表性。炭炒是基本配備，與其他地區最大不同在於另點鴨蛋的話，除了原本有的粿條炒雞蛋碎外，還有一顆油炸鴨包蛋覆蓋在粿條上，就如同臺灣炸蛋蔥油餅一樣油滋滋香噴噴，在鼓漲的鴨蛋淋上黑醬油，是一款很男子漢的炒粿條。

大山腳炒粿條

大山腳炒粿條的聲光效果豐富，半油炸鴨蛋香濃夠力。

金寶與怡保的廣東移民炒粉

同樣是炒粿條，在金寶、怡保一帶的廣東人則會改稱為「蚶蛋粉」，因為材料裡有蚶（血蚶）、蛋（雞蛋或鴨蛋）跟粉（粿條）。金寶有一家充滿傳奇的「蹲凳蚶蛋粉」，是當地有名的排隊店，連熟人來都要排隊，一位在金寶工作的朋友告訴我，如果問老闆：「要等多久？」回答：「等一下。」就代表要等十五分鐘左右；如果回答：「要等很久。」就代表別指望了，因為一定會超過半小時。

前文介紹過赤腳炒粿條，這家的亮點則是坐著炒粿條，坐在矮凳上，膝蓋彎曲幅度大，與其說坐更像蹲，因而稱「蹲凳」，老闆從母親之手接下棒子，兩代經營至今已近七十年。老闆說早年是流動攤販，誰要吃就把攤車停下來，母親有一天站著炒累了就坐下來，久而久之就變成坐著炒，「這樣身體比較輕鬆，膝蓋也不容易受傷。」

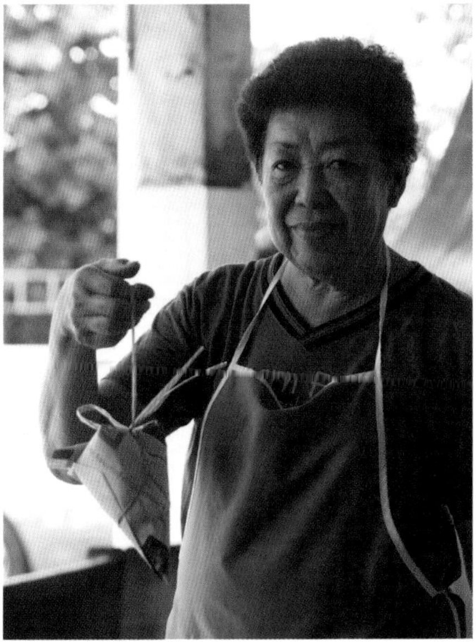

打包好的炒粿條。

位於金寶的蹲凳蚶蛋粉。

只是不動如山坐著炒，如何應付炒粿條的激昂戰況呢？山不轉路轉、火不轉鐵鍋轉，只見他不斷推移特殊設計的平底鐵盤，避免食物集中在同一火區，把雞蛋、粿條與豆芽各自炒好備用，不同一般炒粿條只用短柄鍋鏟，他還用長木棍把上述食材挑起撥鬆並讓味道均勻，再放韭菜、豬油渣與血蚶。在金寶，炒粿條會附上酸柑與辣椒醬，依照客人需求自行加減，酸柑有神奇效果，能把鹹味、辣味變得更為銳利立體，可以擠汁在粿條上也可以與辣椒醬拌勻沾用，吃起來格外開胃清香。

在怡保舊街場也有一家蚶蛋粉名店，只要提到「金粉」炒粉檔，當地沒有人不知道的。店名為何叫金粉呢？怡保人告訴我早年第一代賣蚶蛋粉時，用的粿條份量比坊間要少，於是眾人傳言這家店「吃粉貴過吃金」，因而得名「金粉」。不過我想，如果在炒好的粿條上點綴一點食用金箔，相信一定更受歡迎，而且是名符其實的吃金了。金粉炒粉檔炒好的粿條上覆蓋一片煎得乾乾扁扁的蛋，像蓋上正字標記一般，並附有金寶、怡保一帶炒粿條才會有的辣椒醬。

麻坡的腦子炒粿條

麻坡最有名的特產就是前面提過的「烏達烏達」了，「烏達（Otak）」是馬來語，指頭腦，重複兩次烏達的烏達烏達則是一種食物，以魚肉泥與香料混合、包裹於香蕉葉或亞答葉內，經過炊蒸或烘烤，在印尼與大馬都吃得到。從腦的發音延伸至食物，也能讓人聯想到這食物口感軟綿如腦髓，至於味道則香鹹辣兼俱。要補充說明的是，馬來人稱烏達烏達指的

金粉蛤蛋粉 位於怡保的金粉蚶蛋粉，過去因為價錢高、粉又比坊間少，被客人戲稱比吃金子還貴，而得「金粉」之名。

是食物，不過華人大概覺得這個名詞太拗口，於是又簡稱回烏達，招牌上多只寫著華文「烏達」，從馬來人的角度看，大概像滿街都在吃腦子吧。

麻坡有全馬產地限定的烏達炒粿條，被觀光客列為到麻坡必吃的食物之一。在麻坡國泰333飲食坊裡有家烏達炒粿條攤，老闆陳明才的小鬍子與雪白廚師帽像是他的定裝照，對照網路上幾年前的照片並沒什麼改變，他自稱為麻坡第一家把烏達跟粿條合而為一的店，也

烏達烏達炒粿條

老闆陳明才表示，自己是麻坡烏達烏達炒粿條的創始店。

就是烏達炒粿條的創始店，細細長長猶如舌頭的烏達，成了粿條的主角，「有人帶了烏達到攤子上，請我加進粿條裡一起炒，就這樣開始了第一盤。」

此外，麻坡炒粿條另一項特色是菜脯，麻坡的潮汕移民多，菜脯是潮州飲食生活裡常見的醬菜，麻坡炒粿條會加入大馬其他地區不會放的菜脯，多了甘甜鹹脆味。陳明才的攤子上寫著「粿條麵」，指的是粿條跟麵條放各半，他認為這樣可以讓口感更有層次，而且粿條也不容易沾黏一起。

我的朋友每到麻坡去，就會準備一只空保麗龍箱，為的就是把生鮮烏達載回家，對於愛吃烏達的人來說，麻坡烏達炒粿條是炒粿條界裡必到的朝聖之處。

口味與形狀皆立體的炒粿角

潮汕的炒糕粿，在大馬稱為炒粿角，粿條是扁條狀，粿角則是立體塊狀，潮州的炒糕粿還會撒白糖，吃起來鹹鹹甜甜。大馬雖不撒糖，但會淋黑醬油一同炒，把白粿角炒成黑碌碌，這是在潮汕所沒有的味道。若有潮汕人到了大馬，可以來嚐嚐不同於家鄉的味道；不是

亞龍菜頭粿

亞龍的鍋鏟因為經年累月使用，都已經磨平一角。

潮汕人到了大馬，更建議嚐嚐一道食物經過不同的風土人文時空變化後，產生的不同火花。

吃粿到麻坡準沒錯。麻坡的香蕉街上原本連排四攤流動早餐店：阿德水粿、亞龍菜頭粿、亞清粿什跟阿源慢煎糕，成為麻坡人不可或缺的糧食指標，四攤就像好兄弟，多年來不畏風雨共進退，人稱「四大天王」。其中確實也有兄弟檔，哥哥亞龍負責炒菜頭粿，弟弟阿德負責水粿，而四攤中就有三攤跟粿品有關。後來政府輔導搬遷，亞清粿什搬入華南茶室內「定居」，其他三天王在另一條街繼續擺攤，但早餐界巨星人氣依舊、美味如昔。

個頭高瘦的「亞龍菜頭粿」老闆林淑龍（亞龍）自叔叔手中接下生意，此味一傳就超過一甲子。一般炒粿角是由純米漿製作，亞龍則在米漿中加入新鮮蘿蔔，變成「潮州菜頭粿」，一提到菜頭粿很多人會聯想到廣式蘿蔔糕，廣式蘿蔔糕還會加入臘肉、蝦米等配料，潮州菜頭粿則是除了蘿蔔之外沒有添加其他東西。不同於坊間攤販往往批成品到店頭加工烹調，亞龍至今仍每天半夜起身磨漿，再加入新鮮蘿蔔蒸粿，沒有什麼比這樣的菜頭粿更新鮮跟天然的了。

他從切粿到炒粿作工都很細緻，大塊糕粿不用大刀伺候，而是以魚線繞壓切割，保持切面完整，而切下的粿角須經兩次工——先煎至表面赤赤上色，再與菜脯、蒜頭、蛋、魚露等配料拌炒，還提供客製化服務，愛碎塊或大塊菜頭粿、愛濃愛淡任憑指定。

再介紹另一家位於檳城的「柴燒炒粿角」，正是純米漿不加料的粿角。這家在汕頭街上專賣早上的街邊小吃，母女檔一賣也已六、七十年，特別的是在這個瓦斯桶普及的年代裡，老闆黃惠玉仍沿用母親的方式以木材生火，每當生意大好之際，就有幫手隨時添柴助火勢。以黑醬油、豆芽、菜脯、辣椒和豬油炒拌不規則塊狀的米粿，是不把醬炒乾的「濕式粿角」，不設座位，若要現場吃，便要站著用手捧著吃，外帶則以香蕉葉墊底打包如甜筒狀，很有南洋風情。在臺灣有些小吃店家開業三十多年，就急急立了招牌寫著「老店」，在大馬，很多小攤隨便一開就是五十年、一甲子。

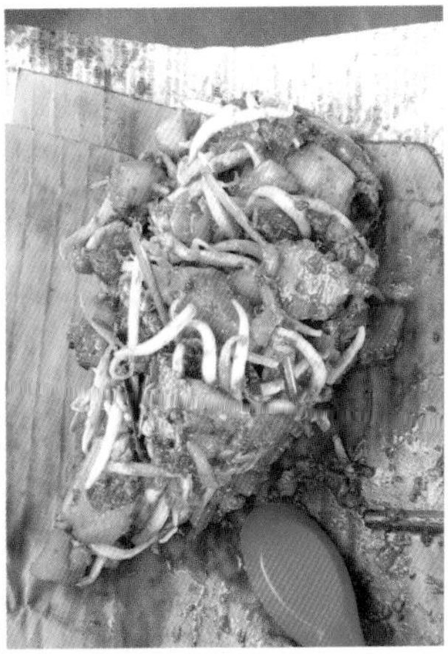

柴燒炒粿角

因為是柴燒，需要不斷添柴調整火勢，檔口沒有座位，只能外帶。

家鄉味的水粿與在地化的潮州粿

潮州水粿是中國潮汕街邊小吃，在大馬比較少見，如果想品嚐的話，麻坡超過一甲子的「阿德水粿」是其中經典代表。第二代老闆林逑德（阿德）的父親屬第一代潮汕移民，帶著家鄉做水粿的技藝，一路從新加坡賣到麻坡，阿德從十二歲跟在父親身旁幫忙，一做便做了四十五年。

阿德以純米磨漿蒸粿，小缽裡蒸好的米粿正中央自然形成圓型小凹槽，用木片輕刮一圈缽緣便脫模而出，像個小飛碟。他好心讓我體驗刮水粿，並不如想像中燙手，最麻煩的是小缽清洗費工，一人份是十顆，一早隨便都能賣出上百上千顆。添上炭火熬煮的菜脯碎、欖菜自然落入小凹槽中，彷彿是一種天意的安排，熱熱的菜脯碎與欖菜正是潮汕雜鹹的代表，雖然店家還是附辣椒醬，不過我認為無需額外添加調味料，光以菜脯與欖菜調味就很美味，水

阿德水粿

阿德會將水粿一個個脫模，再加入自家熬煮的欖菜與菜脯碎。

粿的味道很純粹，我相信這個純粹象徵著歷史，我透過味道回到過去，吃進口裡的是一甲子前移民者無處寄託的鄉愁。

順著阿德水粿攤步行到貪食街口一分鐘，就能發現有家無名潮州粿攤。對中國潮汕人來說，雖然粿條、粿角、水粿跟潮州粿都是米的加工品，不過不會把潮州粿跟其他混為一談，他們把潮州粿定位為祭神用的供品，是適合人神共享的食物，潮州粿種類非常多，甚至會依季節、神明而有不同的粿品。

這家無名潮州粿攤已經傳承至第三代，麻坡人像隨時都要吃粿似的不斷冒出人來買，老闆黃玩興總是忙得連說話空檔都沒有。攤子雖小但品項不少，有一款落地生根、易地變種的筍粿，把

潮州粿攤

麻坡街邊無名粿攤，販售多樣手作潮州粿，深受當地人喜愛。

原本潮州粿的筍絲內餡改成當地盛產的沙葛絲，可說是原鄉食物在地化的代表。黃玩興還會幫客人把粿煎得外酥內熱，吃起來又香又酥，呈現潮州粿最好的味道、最佳狀態，這也是一些大馬小吃令我感動的地方——出來做生意自然要算計，但不因小本生意就馬虎行事、偷工減料，堅守從上一代之手接棒的承諾，老老實實、原原本本。

INFO

大山腳阿慶炒粿條
電話_+6019-5722710
地址_2741, Jalan Kulim, 14000 Bukit Mertajam, Penang.
時間_07:00~01:30

太平華順煙花炒粿條
電話_無
地址_13, Medan Pasar, Simpang, 34700 Taiping, Perak.
時間_19:30~23:30（週日休）

怡保金粉炒粉檔
電話_+6016-5999404
地址_Jalan Panglima, 30000 Ipoh, Perak.（建國茶餐室）
時間_06:30~14:00（公休依店家公告）

金寶蹲凳蚶蛋粉
電話_+6012-7211019
地址_Jalan Masjid, 31900 Kampar, Perak.（金寶巴剎小食中心32號）
時間_08:30~14:00（公休依照店家公告）

麻坡阿德水粿
電話_+606-9538650
地址_Jalan Yahya, 84000 Muar, Johor.
時間_06:30~11:30（公休依店家公告）

麻坡亞龍菜頭粿
電話_+6012-9126999
地址_Jalan Yahya, 84000 Muar, Johor.
時間_05:00~賣完為止

麻坡烏達烏達炒粿條
電話_+6012-2724298
地址_52, Jalan Ali, 84000 Muar, Johor.（國泰333飲食坊）
時間_09:30~17:00（週二休）

麻坡潮州無名潮州粿
電話_+6019-3080008
地址_Jalan Haji Abu, 84000 Muar, Johor.
時間_11:00~18:00

檳城七條路巴剎赤腳仙炒粿條
電話_無
地址_40-48, Lebuh Cecil, 10300 George Town, Penang.
時間_12:00~17:30（公休依店家公告）

檳城柴燒炒粿角
電話_+6016-4383477
地址_Lebuh Kimberley, 10100 Penang.（汕頭街與日本橫街交界附近）
時間_07:00~11:00

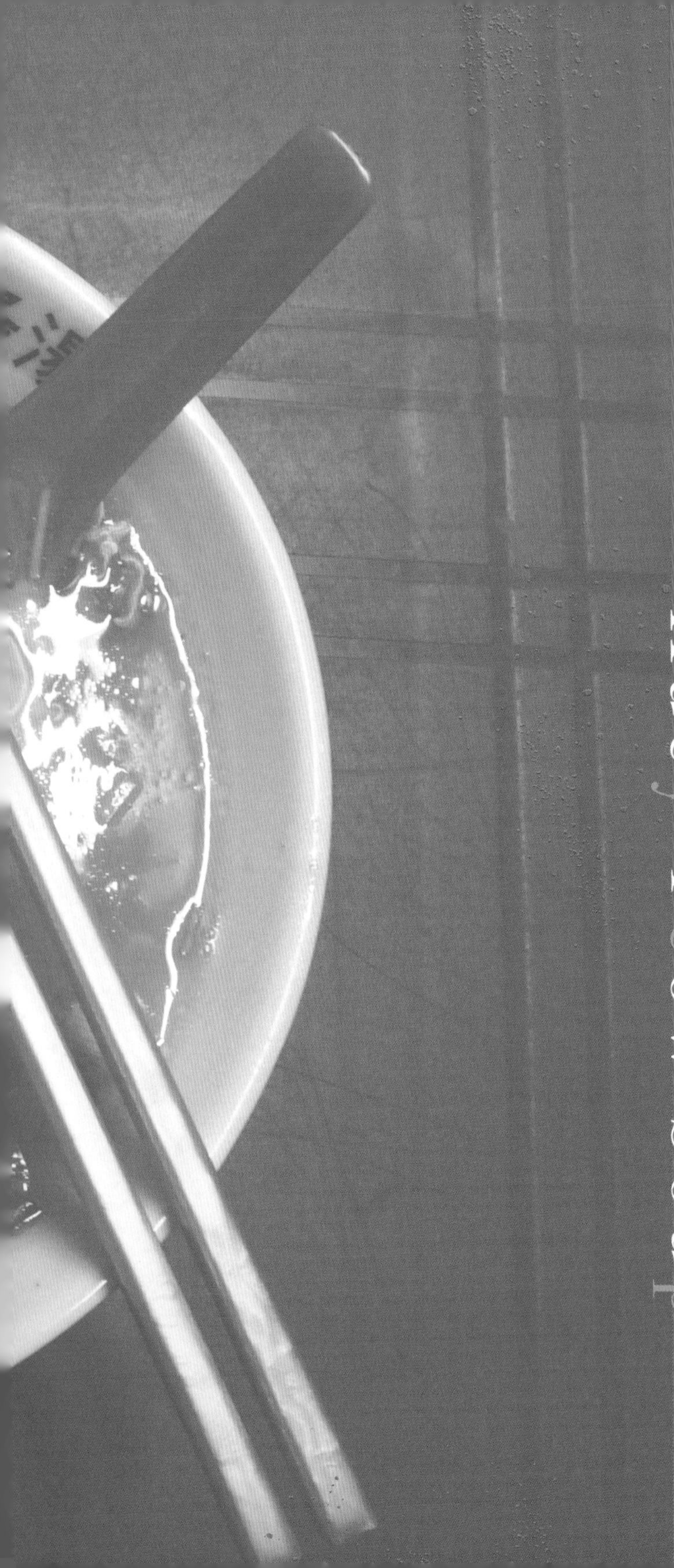

潮州粿條湯

Kuey Teow Soup

檳城阿海現煮粿條湯

粿條可炒可湯，當我看到「粿條湯」，原以為像臺灣的粿仔湯，只是粿條煮湯而已，用什麼料都可以。在中國潮汕常見的粿條湯有牛肉丸粿條湯、魚丸粿條湯、鴨肉粿條湯等，然而在大馬的粿條湯跟炒粿條一樣，有它自己的樣貌與版圖，臺灣、中國大陸、新加坡、泰國、馬來西亞等地都有粿條湯的身影，如果炒粿條是天王，那麼它就是天后了。甚至在新加坡，吊橋頭大華豬肉粿條麵還連獲兩年米其林一星，並在二〇一七年世界街頭美食大會（World Street Food Congress）「全球50大街頭美食」排行榜裡名列榜首，真可說是粿條出頭天，不可等閒視之。

而在大馬，粿條湯無論配料、湯頭、粿條都十分清甜，搭配豬骨熬煮的湯底，是連湯都會不自覺喝光的那種，配料有豬肝、魚餅、魚丸、肉片，其中重頭戲就是用後腿絞肉做成的「肉脞」，湯滾之際便把絞肉用杓子壓扁，推到滾湯裡，吃起來帶有碎軟骨的嚼感，鮮甜不膩。以粿條湯為原型再延伸到系出同源的「粿汁」，雖然粿汁跟粿條的成分與外型相近，但粿汁又有粿汁專屬的配料與湯頭。

而魚丸粿條湯也有自己的發展，延伸出魚丸粉與河嘻兩款食物，湯頭會加入魚骨熬湯，配料也改用魚的再製品。魚丸粉稱為「粉」就不再侷限於粿條，可更替為麵、米粉或粿條，放寬澱粉類的選擇性。「河嘻」是魚丸粿條湯以訛傳訛的稱法，即便如此，也有自己專屬的配料。粿條湯有原型有變種，如此精采，到了大馬別忘一試。

堅持傳統的原型粿條湯

我以檳城汕頭街上的「阿海現煮粿條湯」作為大馬粿條湯的代表，其一是它在湯頭、配料上維持粿條湯傳統原貌；其二為老闆許金海不因為檳城湧進大量觀光客而改變原有作法，味道保持多年不變，他說：「一碗一碗煮才是生活，要搶快就變生意了。」其三是情感因素，當我抵達檳城往往入夜了，而阿海現煮粿

以豬後腿絞肉現做現燙的肉脞，滋味鮮甜又有一點碎軟骨的嚼感。

條湯不僅是我認識檳城的第一道食物，也是之後每到檳城必定優先報到的攤子，每次吃都維持一致水準。

檳城夜市粿條湯攤子多，必須認明招牌上寫「現煮」二字的，未加此二字的粿條湯多是將配料煮妥備好，待客人上桌後才二次加熱，吃起來可跟現場煮不一樣。

老闆許金海人稱阿海，店名順理成章叫「阿海」，但阿海不「下海」，只在攤上當活招牌，跑進跑出招呼客人，真正煮粿條湯的高手是他的老婆與大姨子。他不諱言：「我顧攤子時大家都不來，總等到老婆現身接手顧攤才來吃。」這款從阿海岳父手中延續下來的小吃，在檳城已經有

阿海現煮粿條湯的豬油渣鮮爽噴香，在粿條湯裡具有戲劇性的效果。

五、六十年歷史，不知是巧合還是緣分，阿海的岳父小名也叫「阿海」，也仍開店營業，店名叫做「海粿條湯專門店」。

這純以豬骨熬煮十小時的粿條湯頭會勾人，讓人不自覺一口接一口，阿海的粿條湯新鮮度沒話說，關鍵在於他深夜打烊時萬一有沒賣完的豬肉，就送到早市的親戚攤子上賣；親戚白天沒賣完的豬肉，晚上就送到他攤子上煮，食材不斷流動，存留不超過二十四小時，一定新鮮。

對我來說，阿海的粿條湯還有一項最厲害的法寶，就是每日現炸的豬油渣，不苦不膩，在清淡湯頭裡具有畫龍點睛的功效，讓我明知不可為而為之，吃了還想再吃——記得點餐時加上當地人的術語「豬油渣多多」準沒錯。

費工而有嚼感的粿汁

粿汁（在潮汕稱為粿汁，在大馬普遍稱為粿什、粿雜）的主角是粿片，粿片跟粿條很像，不過作法不太相同，粿片製作很費工，要先把米漿倒入蒸具，成型後再掛架上晾乾，乾燥後再切成三角形小片，下鍋以豬骨湯煮，雖然與粿條很像，不過粿片較厚，吃起來比較有存在感，不像粿條唏哩呼嚕就入喉。

潮汕的粿汁，湯頭裡還會加入米湯，帶有自然稠度，並放入豬雜滷味一併食用。大馬的粿汁不加米湯，以大骨清湯為主，還有差異的話，就是大馬粿汁分兩種，一種跟潮汕一樣把滷味放入粿汁裡，一種是另放一盤。

東馬古晉與北馬會把豬雜等配料放入湯裡，可舉北馬檳城大山腳的百年「舉豐粿什店」作為代表；南馬與新加坡則會把豬雜配料單獨裝盤，湯歸湯、料歸料，可以南馬麻坡「亞清粿什」作為代表，而不管是哪一種作法，都鹹淡合宜、湯清醬濃。

大山腳舉豐粿什店是當地有名的百年老店，湯頭裡會加入豬肝、豬皮、豬肚、豬血、豬鼻與嘴邊肉等配料，配料切得大小一致，處理得乾淨細緻，濃厚的滷汁醬香入到湯頭裡，豬雜跟粿片各半，很是享受。至於麻坡亞清粿什的粿片薄透，加入炒香的菜脯碎，味道甘甜有韻，滷味盤則有豬頭皮、豬大腸、豆腐、豬肉等，可以倒入粿汁裡，也可以單獨吃，很有吃臺灣麵攤的親切感。

（上）位於南馬的麻坡亞清粿什。
（下）位於北馬的大山腳舉豐粿什店，會把豬雜配料與粿片放入同一碗裡。

湯清味鮮的潮州魚丸粉

在大馬的一些茶室裡或許會看到「潮州魚丸粉」的招牌，它是延伸自潮州魚丸粿條湯的一道潮州小吃，湯頭以魚骨為主，湯料為魚的再製品，一定會有魚丸，其他則可以是魚餅、魚索、魚鮫等。潮州魚鮮豐富，自然少不了魚的加工品，而潮州魚丸粿條湯到了大馬，改用當地盛產的西刀魚做成魚丸，既保留魚丸傳統，也發展出自己的風景，只不過西刀魚近年產量也不穩定，一些店家又改以其他雜魚取代。

潮州魚丸粿條湯光是叫法就有很多種，林金城在《知食份子1》裡提到，潮州移民多的地方就稱「魚丸粿條湯」；廣東與客家移民多的地方就稱「西刀魚丸粉」；在馬六甲稱為「魚鮫麵」；到了怡保就稱為「河嘻」。即使知道河嘻就是指魚丸粿條湯，但看到這個當地原創的陌生名詞，我還是覺得很有新鮮感，好像吃了會開心，說什麼都想吃吃看。

和記魚丸粉

大馬那麼多魚丸粉店，為什麼要介紹位於芙蓉的和記？這是因為其他地方幾乎不可能遇到像和記這樣用干貝珠熬湯的小吃攤了。

早年的魚丸粉湯底多半是用大地魚、江魚仔、魚骨、魷魚乾熬湯，甚至還有人用小鮑魚或是干貝珠，當年這些不起眼的食材，隨著地球暖化、海洋資源越見匱乏，價格變高，越來越不可能出現在小吃攤裡，甚至連小餐館裡也難見蹤跡，小販們開始改用蔬果或豬骨、雞架子來熬湯，當然也不乏摻入人工調味料，然而和記竟有辦法在不調漲的情況下找回古味。

創立自一九五三年的和記，現已傳至第三代池添亮之手，他從九歲就開始在攤子上幫忙，不同於坊間小販只著便裝，他穿著白淨淨的汗衫與廚師服、戴好廚師帽，慎重看待自己的工作。攤子的空間有限，動線與動作要俐落確實，才能維持潔白乾淨，這些都展現出一種嚴謹的態度。

他說和記在父親接手時，有段時間也跟現實妥協，一九七〇年開始改用其他食材熬湯，但怎麼都找不回以前留下來的老味道。他接手後用心找貨，終於買到價格合宜的干貝珠，而且選用三款不同產地的干貝珠，依照各自特色、價格高低搭配使用。不只如此，他還把干貝

和記魚丸粉

和記傳至第三代，仍使用干貝珠熬湯。

MERDEKA
MILLENNIUM CELEBRATION
成功者永不放弃
放弃者永不成功
勇往直前永不放弃
突破自己登峰造极
实现梦想,我可以的
TUMIX

湯底與豬骨湯底分開熬煮，等到開檔前才合鍋，他發現這樣雖然費工，但分頭熬煮才不會蓋掉干貝的香氣，如此一來，總算把老味道給搶救回來，印證了「有心就不難」。

他工作時專注的態度被人們形容像「起乩」，因為每位客人的選項不同，有的人要粉加麵、有的人只要麵什麼的，總結起來就很複雜，他嘴裡一邊唸、手一邊確認碗裡的內容，不明就裡的人看來就像在跟魚丸說話。

無論乾或湯的魚丸粉都綴上滿滿的干貝珠碎粒，可見所言不假。湯裡還有三寶——魚丸、魚餃跟魚冊（潮州稱魚索），是由池添亮之父池培團手作，連魚餃皮都是魚肉麵粉擀平做的，湯清味鮮，美味難忘，即使吃過了大馬上百攤的小吃，和記仍是我心目中的前三名，而且也深深佩服池添亮在有限環境裡創造出最大發揮，這正是小吃精神的最佳典範。

財記魚丸粉

位於芙蓉的財記和其他潮州魚丸粉最大的不同，就是強化魚丸粉中的魚餅，使其延伸擴大，增加產品種類與數量，在傳統中找到新商機，而且新鮮又美味。

老闆阿財從父親手中接下棒子後，開始思索如何讓魚丸多樣化，後來意外讓自行研發的

財記魚丸粉

財記主打各式魚餅，「魚肉菜餅」成為店內的特色。

「魚肉菜餅」成為獨家爆紅產品，不僅可以當小吃還能作為火鍋料，外帶比例大增，曾有人一口氣就預訂一千片。

「魚肉是有生命的，味道與口感會隨著時間與溫度不斷改變，加入不同食材再經過油煎，便能延長保存期限，口味選擇也多樣化。」就這樣，他「發明」了以魚漿混合蔬菜的魚餅，直到有一天，他看到電視節目才發現自己做的魚餅跟日本「薩摩揚（さつま揚げ）」幾乎相近。

不過財記魚餅變化更豐富，以魟魠魚、鰻魚、比目魚、西刀魚打魚漿，做成苦瓜魚肉、大蔥魚餅、炸魚丸、茄子魚餅等十多種，每天早上六點現做，味道鮮美不在話下。魚餅可湯可單吃，客人自行挑了喜好的魚餅，再交由店家代為澆上湯頭，就像臺灣黑輪吃法，而湯頭以魚骨和豬大骨熬煮，撒上自家現炸的油蔥酥，香氣足且清甜而不濁，想續湯？喔，那可要等你變成熟客才行。

藝名取代本名的河嘻

我在怡保舊街場閒逛，無意間被一家店門口的「河嘻」兩個中文字所吸引，後來才知道它就是指潮州魚丸粿條湯。

據了解，「河嘻」源自於潮州移民來到怡保賣潮州魚丸粿條湯，沿路叫賣時就簡化成「魚丸」，而潮州話的魚丸發音是「hu yee」，居住在怡保的廣東人多，聽在他們耳裡就轉化成了「河嘻」二字，因應買方市場，店家也就把本名改成藝名「HOR HEE／河嘻」。

河嘻有一個重點是必定放三寶——魚丸、魚餃、魚餅。魚餃皮是用魚肉泥混麵粉打成

河嘻是怡保地區對潮州魚丸粿條湯的稱呼，必有魚餅、魚丸、魚餃三寶。

的，吃起來特別滑口，用魚骨熬煮的湯頭也清甜有致，粿條還可改成麵條、米粉。在怡保賣河嘻的利興發老闆李亞水看著我拿相機拍來拍去，問我打從哪來？我說來自臺灣，他接口說：「我上次看到臺灣做魚丸的機器很厲害啊。」我心想，「千萬不要買啊，我還想多吃一下手工的味道呢。」

INFO

大山腳舉豐粿什店
電話_+6012-5733670
地址_Jalan Pasar, 14000 Bukit Mertajam, Penang.（伯公埕／玄天廟旁）
時間_05:00~11:00、18:00~23:00

太平拉律馬登熟食小販中心63號炒魚丸粿條
電話_無
地址_Jalan Panggung Wayang, 34000 Taiping, Perak.（拉律馬登熟食小販中心63號鋪）
時間_08:00~17:30（公休依店家公告）

怡保利興發
電話_+605-5481577
地址_14, Jalan Panglima, 30000 Ipoh, Perak.
時間_週日至週五11:00~22:00、週六15:00~22:00

芙蓉和記魚丸粉
電話_+6012-6019111
地址_No.37, Kompleks Penjaja, Jalan Lee Sam, 70000 Seremban, Negeri Sembilan.
時間_08:00~15:00（公休依店家公告）

芙蓉財記魚丸粉
電話_+6012-6643525
地址_No.1, Jalan Utam Singh, 70000 Seremban, Negeri Sembilan.（美麗都茶餐室）
時間_07:00~14:00（隔週四休）

麻坡亞清粿什
電話_+6012-6624410
地址_23, Jalan Yahya, 84000 Muar, Johor.（華南茶室內）
時間_07:30~11:00

檳城阿海現煮粿條湯
電話_+6017-4667309
地址_Lebuh Kimberley, 10100 Penang.
時間_18:00~20:00（週五休）

華人粥

M01

檳城台牛後福建蠔乾粥

大馬有不同華人移民族群，也涵蓋豐富的粥文化，包括廣東粥、潮州粥、福建粥等。來此建議以潮州粥作為進入華人粥世界的序曲，潮汕人慣常生活是少不了粥的，一天三餐都可以吃粥，從白糜、香糜到砂鍋粥等。光從一只粥杓就能看出潮汕移民對粥的講究，不鏽鋼粥杓的杓口半邊布滿孔洞、半邊實心，持杓一撈，想粥飯多一點就往孔洞端傾斜，粥粒留著、泔滴落，想泔多一點便往實心那邊走，以一只粥杓便能輕易控制米湯比例，滿足愛各種粥泔比的人們。

更精采的是潮州粥打菜的菜式，可以看到許多以潮汕家鄉菜為架構，再加入南洋食材的變種菜式，對我來說就像挖寶一樣有趣。若沒機會到大馬華人家作客，到潮州粥店裡吃上一餐，多半也能接

潮州粥的粥杓一邊有網洞、一邊實心，用來控制粥水比例。

接地氣。雖然在潮汕地區也能吃到夜糜，不過有的走向過於高檔與觀光化，生猛海鮮、石斑螺片，洋洋灑灑數十道菜色，卻少了原有單純的吃糜味道。

我在大馬的粥品世界感受到不少驚奇，像是廣東粥，儘管在香港吃過許多粥品，卻沒想到在大馬還能吃到好吃的淥粥與生滾粥。至於福建粥就更不用說了，雖然在臺灣充滿蕃薯糜、海產粥、鹹糜、飯湯等各式各樣的粥品，我在大馬還是吃到了口味獨特的淡菜仔鹹粥。一個地區很少有這麼多種類的粥，千萬別錯過了。

燙舌又暖心的廣東粥

廣東、港澳人粥吃得多，其中主要分為淥粥、生滾粥與老火粥三種。而淥粥是把白粥預先煮好一桶，有的人會加腐皮、豆漿、銀杏（白果）或干貝珠，甚至是皮蛋跟白米一起煮以增添風味，而在盛碗時會加入薑絲、蔥絲、胡椒粉等。淥粥的特色是保持食材的鮮嫩度，一般店家會把生鮮牛肉、鯇魚、豬肝切得薄透然後放入空碗，再把滾燙的白粥倒入，透過粥的熱力把食材燙熟。

旺角魚生粥

這魚生粥很「生」，生到可以生魚片、魚滾粥兩吃。

潮汕飲食大師張新民說，魚片粥源於潮汕人愛吃魚生，剩餘的鯇魚肉片就適合用來做生滾粥。在金寶有一家名為「旺角」的粥品店，提供生到不得了的魚片粥。店家直接把生鯇魚片下魚片、附蔥薑盛一盤，調味醬一碟，再給一碗熱粥，任其「自助淥」。

為什麼這麼做呢？老闆說源於有客人認為魚片粥的魚肉一入口雖很嫩滑，但隨著吃食時間一長又變柴了，於是店家乾脆把食材交給客人自己涮來吃，因而還有客人發明鯇魚粥二吃，一是把鯇魚當日式生魚片吃，二才是放入滾粥中吃。這樣的吃法雖然獨特，然而在生菌數等食安考量下，還是老老實實吃生滾粥就好，而且最好一次全下，因為白粥也會隨著時間降溫，會使食材有未全熟的風險。份量十足的現切魚片，可不是一般店家躲到粥裡海撈不到那種，生魚片投入滾粥裡，沒一會兒就變白泡熟，鮮甜滑嫩不在話下，蔥薑辛香，米花熬得綿密綿密，分不清是粥是汁，才入了口就滑入了喉，緩緩的暖暖的，令人心滿意足。

如果我到檳城入夜必吃阿海現煮粿條湯，那麼清晨必吃的就是老溫豬腸粥了。豬腸粥就是豬雜粥，在其他地區也吃得到，不過檳城一帶的人會把豬雜粥稱為豬腸粥，我想這樣的稱呼跟粥料以豬大腸為主有關——粥裡必定放「黑白腸」。什麼是黑白腸？黑指的是油炸豬大腸、白指的是氽燙豬大腸，另外一定還有豬舌跟叉燒。

在檳城有百年歷史的吉靈萬山（Chowrasta Market）裡，這攤「老溫豬腸粥」已傳至第二代，隨便算算都已經七十幾年。老闆溫福振以前並不老，二十六歲年輕氣盛之際接下生意，至今仍站在砧板前，豬舌什麼的就掛在他額頭上方，像水彩畫的調色盤，要什麼就刮一點，他如同和尚敲木魚般，握著刀咚咚咚有規律地在砧板切料，一切四十年，或許哪天有機會可以跟吉隆坡茨廠街的「中華巷豬腸」老闆娘尹小薏來上一場雙手合奏。

老溫豬腸粥

這家是我到檳城必吃的早餐之一。

檳城人與臺南人

檳城是位於大馬西北的一個小州，在1786年成為英國殖民地，融合了華人、馬來人、印度人、英國人、荷蘭人、葡萄牙人等多種族文化，且檳城人有獨特的優越感。

所謂檳城人，是指出生於檳島和威省兩個地區的人，不過據說位於檳島的首府喬治市（George Town）的居民可不見得這麼想，他們一會先問對方是不是檳城人，二會問是檳城哪裡，一聽不是檳島，心裡頭便嘀咕：「那哪能算檳城人啊？」

令人莞爾的是遙遠的臺灣臺南人也是一個樣，同樣以美食自居、同樣有眾多小吃，居民也自視甚高，老一輩的人甚至不說自己是臺南人，而是「府城人」——那個曾經是一府二鹿三艋舺的輝煌年代。

現在雖然臺南縣市已經合併為大臺南地區，但若在過去，臺南市人一會問對方是不是臺南人，二會問對方是臺南哪裡，一聽到是臺南縣，心裡也是嘀咕：「那哪能算臺南人啊？（那是善化人、新化人、學甲人啊……）」

他用鯷魚(江魚仔)跟豬骨做底,以炭火熬粥,到了市場才用瓦斯爐續熱,粥料有汆燙豬血、黑白腸與叉燒等,現代很多人因健康考量不吃豬舌,豬舌於是變成選配。而最誘人的是撒在粥面上的炸豬腸與蔥粒,綠綠花花、油潤而香脆。同桌的陌生大嬸說她一吃就吃了十多年,對粥料如數家珍,像是在說她家的大寶、二寶。

體現庶民本色的潮州粥飯檔

臺北潮汕同鄉會的人告訴我,潮汕人不管吃多奢華的豪宴、不管肚子有多飽,用餐到最後都會上一碗白粥、一碟豆腐乳收尾,代表不忘本。中泰賓館創辦人林國長雖家財萬貫,仍常以清粥、豆腐乳裹腹,晚年甚至因此造成營養不良,由此可知粥對潮汕人有多重要。

潮汕有名的「夜糜」(潮汕人稱粥為「糜」),顧名思義是只賣晚上跟消夜的粥檔攤,如今從庶民飲食一路發展到觀光商業市場,除了原有基本款魚飯、薄殼、菜脯蛋、雜鹹外,為了增加客單價,食材用料不斷往上堆高,許多高檔魚鮮、蚌貝、蝦蟹皆成選項。餐檯上數十種熟食、生鮮任君挑選,熟食可以直接打菜,生食選好了食材再決定煮法,粥品可選白粥或地瓜粥，豐儉由人，一個人吃個粥可以從臺幣上百元吃到數千元。

大馬的清粥小菜不同於原鄉之處，在於菜色以家常菜為主，為了服務不同籍貫的族群與客層，菜色靈活度大，有如菜脯蛋、鹹蛋蒸肉餅、潮州滷水大腸等潮粵菜，也有清炒四季豆、苦瓜排骨、茄子蝦球、豬紅（豬血）炒韭菜等家常菜，還有充滿南洋味的參峇甘榜魚（Sambal Ikan Kembung）、亞參魚（Asam Pedas），表現出華人與在地風土人文交融的結果，庶民生活的本色也就在此。

吃得到歷史的什飯

華人地區常見的打菜式自助餐，在大馬稱做「什飯」或「經濟客飯」，老店跟新店在數量跟菜式上有些不同，老店菜色約在三十種左右，新店重視多樣化，約在六十至八十種，只是新店同樣是油菜，水煮跟熱炒就算成兩道；同樣是咖哩，做成咖哩雞、咖哩豬、咖哩魚等又變成好幾樣，還會加入許多現成加工品，只為了拚量。老店會提供一些華人古早味，像血蚶炒鹹菜、莧菜魚頭湯等蒸煮菜式；新店就多炸雞、炸午餐肉這類油炸菜式。老店會有老一輩愛吃的蒸甘榜魚，新店則會有年輕人愛的魔鬼魚（魟魚）、多利魚。

肥仔嘜什飯老闆鄒永華、鄒合華與鄒美卿三兄妹。

而在地人似乎有種飲食偏好，不管是老店新店，人們都愛「汁」，無論滷汁、咖哩汁、菜汁（菜湯）都愛，即使不選那道菜，也可以指定要那道菜的菜汁澆在飯上吃。當地人告訴我，這樣的吃法很可能是受到印度人和孃孃影響，他們會在飯裡淋上大量且多樣的醬汁，馬來語叫做「banjir（水災）」，到最後飯菜都泡在汁裡，災情慘重⋯⋯。

肥仔嘜是一家特別的老什飯檔，傳至第二代鄒永華、鄒合華、鄒美卿三兄妹之手，一家人從黑髮賣到變白髮，然而菜色就是不變。不僅是豬血炒韭菜、煎甘榜魚、血蚶炒鹹菜、菜脯蛋等一道

肥仔嗲什飯

到了用餐時間，鄒永華、鄒合華兩兄弟打菜的手勢跟速度像在打乒乓球。

道菜式不變，筷筒裡長短不一的木筷、裝菜的琺瑯盆也都是如假包換的老味道。

我對筷筒有很深的童年記憶，幾十年前大眾普遍還沒有食品安全危機意識，小吃攤桌上都有一只筷筒，筷筒裡的竹筷、木筷會清洗後重複使用，然而因為時間磨損或每次採買樣式不同，筷子長短不齊，等餐的當下總要從筷筒中挑出可以搭成一雙的筷子。有時憑字（像百年好合、鴻圖大展）、有時憑圖（龍鳳），再從中挑出長短一致的，要是真的挑不出長短一致的，就挑兩根筷子往桌面一戳，筷頭齊了就將就著用吧。筷子放在筷筒裡容易發霉，午後店家會利用休息的空檔曬筷子，把筷子攤開在紙板上曬太陽，直到免洗筷出現，這樣的「用餐程序」才逐漸消失。

在有限時間內要理解一個地區的庶民生活，到當地菜市場跟吃家常菜是很必要的，舉肥仔嘜「血蚶炒鹹菜」這道菜為例，它說明了大馬一九六〇、七〇年前的生活實況，鄒永華說當年血蚶好便宜，一次是一公斤一公斤吃，把它拿來當瓜子嗑，吃血蚶還講究要汆燙至半熟，不可全熟，入口時要保有爆漿口感。現在血蚶數量少、價格貴、品質也不好，為了留住老菜式還在餐檯上，血蚶精神不死，只是質與量凋零。

若要來此用餐，請把握最佳的用餐時段。剛開鋪時菜式最齊全且還熱騰騰，更精采的是看到元氣十足的鄒家兩兄弟，如同打乒乓球雙打，跟著客人的指引把菜打到碟子裡，簡直就像坐在球賽現場第一排。

明明看似冷清的茨廠街邊陲，也不知人從何處不斷冒出，剛下工的工人、剛放學的學生，還有從遠地搭車而來的人，或是為了溫飽肚子，或是為了味覺記憶，還有人為了跟老友相聚，人們吃著同樣的菜，背後卻都有各自的故事。

我坐在巷子口隨意擺的露天餐桌，看著形形色色的路人川流而過，路人也好奇地望向我，吃著吃著，彷彿穿越時空走入歷史，茨廠街人的街坊故事就在這一筷一箸間流轉著。附近原有十多家飯檔，如今只剩兩檔，而「肥仔嘜」三兄妹在面臨後繼無人的隱憂下，對愛老味道的客人來說，恐怕也是吃一次少一次了。

有山有水的白粥

「潮興飯粥店」對我有種莫名魔力，第一次路過時，單憑直覺自然而然被吸過去，店家還在備料中，伸縮鐵拉門也還沒開，我便像囚犯那樣隔著一道鐵門央求老闆陳寶玲：「我等一下就要搭機走了，可不可以讓我進去看看？」當時菜還上不全，趕著搭機，時間也不足，只好帶著懸念回臺灣。

第二次則是專程前往，更證實我當時沒看走眼。光是看到飯檔舀菜的杓子已經磨平了半邊臉，我的內心便激動驚呼，這不是時光什麼才是時光？第三代的陳寶玲說，一九四〇年代，她的爺爺、潮州人陳海德在巴生靠著賣粿條維生，到了一九六〇、七〇年代風光蓋起酒樓，當時還是巴生第一家有冷氣空調的酒樓，直到九〇年代因為工人難請等因素，收掉了酒樓生意，現專賣潮州粥。

然而光賣潮州粥也不馬虎，陳寶玲與母親兩人一早四、五點就要採買食材、備料，一樣樣處理也要花掉不少心力跟時間，人手有限的情況下只賣中午時段。陳寶玲心心念念守住爺

潮興飯粥店原本是巴生地區第一家冷氣酒樓，現在只經營飯粥生意。

爺對粥的堅持，原鄉用梗米煮粥，稠得米湯合一；大馬多用秈米，煮出來的飯泔分離，米湯偏稀。

一只專屬粥杓半邊網洞、半邊實心，有人愛粥汁多、有人愛粥飯多，就用杓子來調整飯水比例。在潮興連盛粥都有講究，一只碗裡半邊白粥如矮丘、半邊粥汁如水塘，這就是白粥山水說，創辦人陳海德說粥要「有山有水」才能享受不同口感。厚實的瓷碗，讓滾燙的粥既可以保溫又不至於燙手，這一切讓我明白生活中習以為常的粥，可以講究到另一種境界。

來此吃粥，就要點一些當地才吃得到的菜，菜色就更精采了——才不是什麼大魚大肉，從庶民菜色中看見功力才是真精采。先說灰白的西刀魚魚餅，遠看還真像鵝卵石，光這樣就知道含魚量很高，咬在嘴裡還有不致影響吞嚥的細小軟刺，能想像去骨處理過程的繁瑣，在小館子吃到了自自然然的東西，內心是溫暖的。

此外還有「潮州蒸魚」，用的是潮州人稱的松魚（也就是大頭鰱），以薑、鹹菜、番茄等配料蒸之，淡雅有韻。原本的潮州名菜「潮州滷鵝」，因為大馬的鵝產量少，故同樣作法但把鵝改成了鴨，滷鴨是當地巴生人很喜愛的一道菜。

最特別的是遇上難得一見的刺殼魚，陳寶玲說在市場上看見有貨就趕緊買，現在是吃一

潮興飯粥店

1.魚餅。
2.清粥。
3.原本的潮州滷鵝，因為大馬人少吃鵝，就改成了滷鴨。
4.店內常客。
5.釀豆腐。

1
3 | 2

1.潮興飯粥店裡的家常小菜，可以看出當地居民的飲食習慣。
2.潮興飯粥店裡有很多花工夫烹製的菜色。
3.一邊高隆、一邊粥水的有山有水白粥。

尾少一尾了，這魚肉嫩刺多，要把魚骨煮到都化了才敢讓客人吃。我沒想到在馬來西亞街邊的粥飯檔，能遇見這麼珍貴的魚。馬來人有道菜叫「亞參魚」，「亞參」主要是酸酸的羅望子搭配酸柑汁、香茅葉、黃薑粉、辣椒醬與糖等的一種香料醬，多與魚一起烹調，吃起來酸辣開胃，大馬以外的地方會直譯成「酸辣魚」。她把這道菜做成亞參刺殼魚，然而又不完全照抄，因為加了潮州人食物中常見的鹹菜烹調，想知道這個國家多族群文化如何融合表現，吃一口馬來混潮州式的亞參魚就夠了。

不是噱頭，用炒的炒粥

大馬朋友知道我在找粥的素材，對我說：「我帶你去吃潮州炒粥吧。」我以為朋友講太快，把潮州粥講成了潮州炒粥，兩人像繞口令講了半天，才知道大馬有臺灣吃不到的炒粥，「不用說，走吧，這一定要去嚐的。」

但當炒粥本人現身餐桌上的那一刻，我真的只能聯想到嘔吐物！一鍋醬黑的稠狀物，米花開成碎粒片片，若不是上桌前才擺上的油條給了我勇氣，我還真不敢嚐呢。然而嚐了第一口，劇情出現大逆轉，哇！真是美味，香氣逼人，而且我從沒想過粥居然能夠帶有鑊氣，太不可思議了。

這粥乍看雖然醬黑一片，不過細看細品下才發現內有玄機，有魷魚乾的潮味、左口魚的鮮味，而且相當糊稠，幾乎無需咀嚼就能直接滑入喉裡，豬油渣的香酥跟芋頭顆粒增加嚼感跟香度，這要是變成炒飯，一定也很厲害。吃重口味的人，別忘了加上店家特製的參巴青辣椒醬，一般參巴醬是用紅辣椒，但這裡加的是清新的青辣椒，力道又瞬間提升。

潮州炒粥

炒粥雖然其貌不揚，但有鑊氣的粥倒是少見，也很夠味。除了吃粥，還可以點海鮮等菜式一起搭配。

老闆林順德大方公開炒粥之謎，先把魷魚絲、蝦米爆香，再放入幾杓白粥與少許韭菜入鍋以大火拌炒，炒上色後放入芋頭丁，起鍋前撒上豬油渣跟新鮮韭菜即可。過程像炒飯，只不過把白飯換成白粥，然而炒技就有學問了，粥很黏糊，炒時要不斷快速攪拌，一旦速度慢下來就會沾鍋，又因為攪拌得快，一不小心就被飛噴的粥汁濺燙到手，新手往往傷痕累累。

他說自己原本在潮州人的鋪子裡學做潮州粥，後來自立門戶，為了不跟前東家搶生意，於是想賣不一樣的產品，一開始賣炒粥時沒人敢嚐鮮，有的人說成煎粥，還有人說成炸粥！一整天賣不到十碗，剩餘的粥只好整鍋倒掉，直到願意嘗試的人慢慢多了，建立口碑，半年後才改成一週營業三天，現在已經堂堂邁入第十三年，已成為巴生名店，還不時有海外慕名而來的人呢。

逐步變遷的福建粥

在臺灣最常吃到的粥是蕃薯糜、白糜與鹹糜，我也曾嚐過蚵仔粥，作法比較像飯湯，卻沒嚐過蠔乾粥，所以一聽到檳城有炭煮蠔乾粥便想一探究竟。有一家位於檳城的「台牛後福建蠔乾粥」，創始人林棋兩來自福建南安，最初來到大馬當苦力，後以賣粥維生，我從沒去過南安，不過知道南安跟臺灣有相當重要的連結，鄭成功就是福建南安人。

一大清早，店家已經熬好了一鍋粥在等客人上門，第三代傳人林麗珍的夫婿穿著汗衫，領口捲著面巾，正在生火燒炭。我坐在大樹下享受微風徐徐，聞著熬粥的炭香，是吃早餐前美好的醞釀。

然而說是蠔乾粥，也不全然那麼正確，林麗珍說以前蠔乾仔便宜，爺爺用來熬粥底，然而蠔乾一年比一年貴，現在已經買不起，只好以淡菜仔（小顆的淡菜乾）取代。醬煮淡菜仔的粥底配上滷肉，醬色深卻不鹹，搭配上手拆鯊魚絲、芹菜粒、香菜、油蔥酥與油條，淡菜仔雖不如蠔乾香，不過組合還是熱熱鬧鬧的。

在這頓早餐中，我發現了比吃蠔乾粥還重要的事，那就是許多食材在地球暖化下正逐漸消失，而這些食材也牽動一些傳統小吃可能面臨絕跡與變異的危機，歷史古蹟可以維護保存，食物的古蹟卻無法留住，蠔乾粥變成了淡菜粥就不再是蠔乾粥；少了血蚶的炒粿條，彷彿就像桌子缺了一腳，該何去何從？

臺南的火燒蝦也面臨類似困境，原本是便宜的下等蝦才被運用在庶民小吃上，然而無法

台牛後
福建蠔乾粥

蠔乾粥傳至第三代，林麗珍與夫婿一早起床煮粥，帶給早起人們溫飽。

養殖的火燒蝦產量卻越來越少、價格越來越高。火燒蝦被運用在蝦仁肉圓、蝦捲、擔仔麵、臺南蝦仁飯、碗粿等，多年前一家臺南擔仔麵老店的老闆問我：「如果擔仔麵上不放蝦了會怎樣？」臺南擔仔麵與檳城蝦麵、廈門蝦麵的最大差別之一，就在於臺南有別處沒有的火燒蝦，對我來說，火燒蝦猶如字畫的落款，猶如產品的商標，沒有了該怎麼辦？我相信在沒有新的方法前，這一天遲早會來臨。

我又轉念想，與其擔憂食材消失使小吃失傳，更迫切的危機反而是接班人們是否能守住老味道，否則心走偏了、味道變了，就算有什麼神主牌，保住的也就只有表象而已。

黑醬油

大馬飲食作家林金城有次到臺灣，帶了大馬正宗肉骨茶包給我，並補充說：「許多人買了肉骨茶包，回家煮老覺得少一味，那一味就是這個。」他好人做到底，連黑醬油也一併附上——那瓶正是祥珍醬園的頂靚生曬油。

大馬人在食物上有黑醬油依戀症候群，肉骨茶湯、炒福建麵、炒粿條、羅惹（Rojak）、芋頭飯都要加黑醬油，馬六甲或巴生人吃海南雞飯時，也習慣在飯上淋黑醬油。

INFO

巴生潮州炒粥
電話_+6016-6868579
地址_32&34, Lorong Lang, Taman Berkeley, 41150 Klang, Selangor.
時間_17:30~01:30（隔週一休）

巴生潮興飯粥店
電話_+603-33724028
地址_21, Jalan Stesen 1, 41000 Klang, Selangor.
時間_12:00~15:00（週日休）

吉隆坡肥仔嘜
電話_+6016-2739216
地址_Lorong Bandar 5, off Jalan Sultan, 50000 Kuala Lumpur.
時間_16:30~19:30（週六休）

金寶旺角魚生粥
電話_+6012-5713177; +6018-5791821
地址_Jalan Baru, Taman Tasik Emas, 31900 Kampar, Perak.（金鷹食物中心）
時間_11:00~15:00

檳城台牛後福建蠔乾粥
電話_+6016-4851010
地址_Block 20-G-03, Lintang Slim, 11600 Penang.（聯成茶餐室）
時間_06:45~14:30（初一、十五休）

檳城老溫豬腸粥
電話_+6012-4686005
地址_26-28, Jalan Chowrasta, 10100 Penang.（天天來飲食中心前）
時間_07:00~11:00（週一、五休）

華人沙嗲

Satay

馬六甲Jalan Kuli Satay

許多人吃過沙嗲（Satay），沙嗲跟大馬華人有什麼關聯性？原來馬來人有馬來人的沙嗲、華人也有華人沙嗲，華人的食物影響了馬來人跟印度人；馬來人的食物也影響了大馬華人，食物在族群間相互影響，用各自的理解詮釋它，這是在多種族的國家裡尤其有趣的事。

沙嗲是什麼呢？很多人以為沙嗲是烤肉醬，認為沙茶與沙嗲的味道跟發音都是相關的，這麼說只對了一半，沙嗲在馬來語中是指「肉串」而不是烤肉醬，以肉串為主、蔬菜為輔，以炭烤或柴燒的食物沾特製醬汁而食，源於印尼後傳至星馬、泰國、菲律賓、香港等地。

馬來人信奉伊斯蘭教，是禁食豬肉的，故沙嗲串以牛、羊、雞肉為主，不會出現豬肉，並會搭配馬來粽（Ketupat），一稱方塊飯來吃。這種扁方形或三角形的食物不像華人粽呈立體狀，粽葉是以棕櫚葉、椰子葉編織而成，將以椰漿煮熟的米飯用力壓塞至葉子內，無需綁繩定型，光利用編織技巧就可以收尾緊扣，在馬來人的新年或伊斯蘭教開齋節時經常可以見到它的蹤跡。因為要搭配米食一起食用，沙嗲醬味道厚重比較下飯，對馬來人來說，沙嗲是正餐而非小吃。此外，沙嗲盤上會出現的食物都有其意義，常見削皮的黃瓜或大黃瓜，一方面可以清口腔，一方面火烤類食物上火，以此平衡體內燥熱。

總的來說，馬來人認為沙嗲是正餐，華人認為是小吃；在品項上，馬來人不會出現豬肉或豬雜，華人會有豬肉、豬雜甚至血蚶；在醬汁部分，馬來沙嗲醬較多花生味，有的還放粗顆粒花生，偏甜且重辛辣。

吃得到豬肉的華人炭烤沙嗲

華人沙嗲最大特徵就是有豬肉，沙嗲串上有豬肉、豬腸、豬肝、豬血等選項，很容易與馬來沙嗲區隔。在麻坡貪食街上有兩家華人沙嗲攤比鄰而立，從中文商號就可以看出是華人所經營──「亞九」、「亞迪」。兩家的烤功都很好，生意也都很好，比較明顯的差別在於醬汁，亞迪沙嗲醬加了鳳梨泥，多一點酸甜味。

過去我對南洋沙嗲的印象欠佳，因為肉串烤得焦柴，上桌後又很快冷掉，醬汁甜膩乾稠，彷彿在咬花生

沙嗲醬與沙茶醬

中國東南沿海的百姓從十七世紀開始，大量移往東南亞，直到1949年之前，部分潮汕籍僑民並不定居東南亞，他們經商返鄉，往來於兩地之間。而在南洋時所接觸到的沙嗲醬，經由僑民回流意外創造了潮汕原鄉新風味，那就是華人口中的沙茶醬。原本潮汕菜色至清至鮮，濃重鹹香的沙茶醬使潮汕疊上一層南洋味，這調味也盛行廣布於臺灣、港澳等地。

殼。不過當我嚐到了亞九跟亞迪的沙嗲後就改觀了，發現肉嫩味美，即使不沾醬也好吃，大馬沙嗲重醬汁、華人沙嗲重食材，兩者重點不太一樣。

華人沙嗲要再細分的話，還可以分為潮州沙嗲與海南沙嗲。麻坡聚集了許多潮州移民，有潮州移民的地方就少不了血蚶、魚露、菜脯等，身為血蚶重鎮，亞九跟亞迪過去曾把生血蚶肉串成串烤來賣，受到血蚶迷們的喜愛。一般常見的還有血蚶炒鹹菜、鮮蚶粿條、清燙血蚶，炭烤血蚶是其他地方沒有的，加上是由潮州移民所經營，因此被歸類為「潮州沙嗲」。只是血蚶數量越來越少、個頭也越來越小，然而炭烤用的血蚶不

與一般沙嗲最大不同是華人沙嗲會加入豬肉或豬內臟。

能太小，太小容易一下就烤焦、賣相也不好，在缺貨的情況下，炭烤血蚶串幾乎成為絕響。

至於「海南沙嗲」則可以在馬六甲嚐到，海南沙嗲是由海南移民所發展出來的，在沙嗲醬中加入了鳳梨泥與一種小楊桃（Belimbing），清香酸甜，有別於其他華人沙嗲。

海南沙嗲源自一九四〇年代，一票來自海南瓊海的同鄉們開始在馬六甲賣起沙嗲，多年來走出自成一格的特色，「新味香海南沙嗲」、「估俚街沙嗲（Jalan Kuli Satay）」、「祥記海南沙嗲」都是其中具代表性的名店。

沙嗲計價法

早年到沙嗲攤子吃沙嗲，店家會遞上一大把各式沙嗲，任君選擇，選剩的再遞回給店家，最後透過竹籤支數計算費用。只是後來有客人因為不喜歡肉串上的肥肉，就把肥肉塊剔除再重新串成完整一串，摻在其他肉串裡遞給店家，以偷天換日的手法少算一支的錢；還有人為了逃避計費，把竹籤塞到桌底去。這些事層出不窮，店家只得舉白旗投降，不再以此法計費。現在的作法是一開始走到攤口，跟店家說支數，吃得不過癮再加點即可，通常以十支起跳。

二〇一七年在菲律賓馬尼拉舉辦的世界街頭美食大會，公布了「全球50大街頭美食」排行榜，大馬有六家上榜，而估俚街沙嗲就名列其中，這家開業於一九八〇年的沙嗲專賣店，由第一代黎秋強賣了三十五年，近年才由長子黎奕成接手。估俚街沙嗲也販售馬來粽，可同時感受馬來式與華人式兩種不同的沙嗲風情，在沙嗲串的品項上，除了豬肉、豬肝串外，還有其他地方較少見的粉腸，被許多人列為到此必點的菜色。

濃醇香的潮州沙嗲火鍋

大馬華人沙嗲中除了乾沙嗲，還有湯沙嗲。只有在馬六甲可以嚐到以沙嗲醬做成火鍋底的「沙嗲朱律（Satey Celup）」，雖然無法得知真正起源為何，不過既然是由潮汕人率先推出，便逕自稱為「潮州沙嗲朱律」。

大馬有一種小吃叫「碌碌（Lok Lok）」，類似四川的串串香，把各種食材用竹籤串成一串串。在四川會把串串斜插入麻辣高湯鍋裡，只留尾端在鍋外，燙熟後以手持串就口食用；碌碌則是把麻辣鍋換成了清水鍋，燙熟後沾醬食用。至於「沙嗲朱律」則是把麻辣湯鍋換成了沙嗲湯鍋，同樣燙熟後食用。

賣沙嗲朱律的店家，店頭會擺放不少透明門冰箱，冰箱裡放著成串的各式火鍋料，像是腐皮、白菜、魚丸、雞肉、魚片等二十多樣，每桌單一鍋底（沒有鴛鴦鍋，也沒有賓士鍋），自行選取喜愛的品項後回桌下鍋煮，結帳時就以串數計價，每串臺幣五到二十元不等。

潮州沙嗲火鍋

血蚶是潮州沙嗲火鍋很特別的選項，而湯底就是調配過的沙嗲醬。

加入了薑黃、糖、辣椒、花生等材料的沙嗲醬，經過重新調製而成火鍋湯底，各店口味多少有些差異，加熱過後的湯底香氣更濃郁，沾覆熱醬汁的肉串或蔬菜，甜辣鹹香，讓許多人吃到欲罷不能，食量大的年輕人桌，串數都是從百支起跳。湯濃不可飲，不可滾鍋，滾鍋會使水分蒸發，濃縮成的味道更重也容易焦鍋，故須以文火保持熱度。這樣隨興而簡單的用餐方式，吸引很多觀光客與家庭。

馬六甲有家創立於一九五四年的潮州沙嗲「McQUEK's」，現傳至第三代，原在電影院附近擺攤，後才落腳店頭。自家調製的湯底夠醇夠香、厚重有力，火鍋料中有生血蚶串，雖然個頭不大，但憑藉這個就是能感受到一點潮州味。店家售有自家製的湯底包，買回家後自行再調新鮮花生粉，香上加香；愛吃辣的人就再加辣椒，辣個過癮，還可以仿照當地吃法將火鍋料串成串，把這項馬六甲特色風味分享給親友們。

廣東與潮州

潮州跟汕頭在行政區域劃分上隸屬廣東省，要說潮汕人是廣東人也是可以，不過潮汕的語言、飲食跟廣東其他地區有些差異，因此潮汕往往被獨立稱呼跟看待。

大馬華人以福建人（含福州人）最多，約佔34%；客家人22%、廣東人20%、潮州人12%、海南人5%、廣西人3%、其他4%。華人在二十世紀初剛到大馬時，多從事礦業、農作、車伕、伐木、裁縫等工作，後隨著時間逐漸轉型，福建移民多從商、廣東移民開酒樓、潮州移民多從事農務、客家移民從事藥材買賣、海南移民則多經營咖啡店。

INFO

馬六甲Jalan Kuli Satay
電話_+6012-2582972
地址_47, Jalan Tun Tan Cheng Lock, Taman Kota Laksamana, 75300 Melaka （東街納大樹腳美食中心）
時間_11:30~16:00（週二休）

馬六甲郭氏潮州沙嗲（McQUEK's）
電話_+6012-6062993
地址_231, Jalan Parameswara, Bandar Hilir, 75000 Melaka
時間_17:00~00:30（公休依店家公告）

麻坡亞九沙嗲
電話_+6016-9514962、+6012-6062215
地址_Jalan Haji Abu, 84000 Muar, Johor.
時間_11:00~19:00（週一休）

麻坡亞迪沙嗲
電話_+6012-6115590
地址_Jalan Haji Abu, 84000 Muar, Johor.
時間_11:00~19:00（週一、二休）

廣東豬腸粉

Chee Cheong Fun

金寶明記豬腸粉

某次林金城問我：「有沒有吃過豬腸粉？」我常聽到腸粉，倒是沒聽過豬腸粉，我問：「是豬肉腸粉（豬．腸粉）還是豬腸瀨粉（豬腸．粉）？」他哈哈大笑：「原來你沒吃過豬腸粉！」豬腸粉是大馬很常見的華人食物，菜名雖然有豬腸，不過裡面既沒有豬也沒有豬腸，除非是摻了叉燒。在大馬可以嚐到臺灣吃不到的豬腸粉，而且此處介紹的店家是以純米磨漿製作，不是粉漿調配。

豬腸粉從外形來看，可分為捲式跟散狀，捲式長得就像豬小腸，散狀細切成條狀，感覺像在吃涼麵。依著地理位置不同，豬腸粉也不一樣。北馬比較常見捲式豬腸粉，其他地區多為散狀，在怡保吃得到包餡豬腸粉，然而包的

餡料也跟香港、廣東的油條、蝦仁腸粉不同。

豬腸粉的醬汁也是一大特色，在檳城，醬汁裡會特別強調特製蝦膏；在金寶、怡保或吉隆坡，醬汁種類特別多樣，會摻冬菇汁、芝麻、油蔥酥、蔥油、醬油、辣椒醬、甜醬、青辣椒，甚至咖哩豬皮等選項，這是因為有的人要這個醬、有的人要那個醬，為了滿足多數人的需求，就乾脆什麼都齊備，若有人說要「混醬」，就代表什麼醬都要摻一點的意思，這可真的是很主觀的口味了，有人認為百味俱足，有人認為根本亂七八糟。多數店家直接買現成醬汁，只有少數店家會從現成醬汁裡另外自行加工調配，例如冬菇醬再加點糖煮過，調得甜一點；辣醬裡再加入搗碎鮮辣椒之類，醬汁變化如此豐富，成為到大馬特別值得一嚐的小吃。

豬腸粉的世界

豬腸粉的世界十分浩瀚，從潮汕、廣州、港澳到臺灣都有豬腸粉的足跡。潮汕的豬腸粉是一整張粉皮，鏟起來的過程會產生皺摺，看起來像糾成一團的豬大腸，蛋是一定放的，另可加蝦仁、香菇、青菜，最後淋上大量醬油膏；港澳常見腸粉是在腸粉皮裡捲入叉燒、蝦仁或油條；北馬的捲式豬腸粉則直接把粉皮捲成細細的圓筒狀，像豬小腸。豬腸粉果然名不虛傳，「大腸」跟「小腸」都有了。

重嚼勁的捲式VS重醬汁的散狀

當豬腸粉這項食物出現在大馬時，最初是以捲式原貌登場，米漿蒸透而成的粉皮捲成條狀，再切成小段，形如小腸。捲式豬腸粉的優點是粉皮緊捲保有完整嚼感，而且較能感受米香，對商家來說，這樣的粉皮造型易於保存配送，不會一片片攤平相互沾黏而破損，吃法可淋醬、可拌炒，口味多樣化。

來到檳城，別忘了嚐嚐捲式豬腸粉，蝦膏醬汁也是當地特色，在小蓬萊茶室旁賣捲式豬腸粉的「MACALISTER LANE」已經經營超過一甲子，批發自售皆有，可說是其代表。

老闆說，一開始要把攤平的粉皮捲成圓筒狀，皮薄、溫度又高，十分費工，後來豬腸粉生產器誕生，機器一分鐘可以捲出五十條，產量非常高且方便配送，一時蔚為流行。然而我猜一般小吃店買不起機器，又不想老是跟別人叫貨，後來散狀豬腸粉還是佔了上風，小販乾脆省得把豬腸粉捲成豬腸狀，直接把攤平的粉皮切成條狀，切得細就像麵線、切得粗就像粿條。散派店家有一套說詞，認為散狀腸粉的優點是可以讓粉皮充分沾取醬汁，換言之，兩者焦點不再相同，捲式重視粉皮口感、散狀重視醬汁。

MACALISTER LANE

小蓬萊茶室旁，這家捲式豬腸粉的小攤已經賣了一甲子，尚未切過的腸粉，外型很像豬腸，正是該名稱的由來。

散狀豬腸粉強調吃醬，吉隆坡茨廠街裡，有家近七十年歷史的「中華巷豬腸粉攤」，專售散狀豬腸粉，其中有些醬汁就是自行再加工調配的。店家有兩種配醬，一種是在豬腸粉上淋一圈蔥油後，再加上黑醬油、青辣椒與白芝麻；另一種是花生芝麻甜醬、辣椒醬與芝麻粒，有點像涼麵。

中華巷豬腸粉至今仍自家磨米漿，採半機器半手工方式製作豬腸粉，第二代老闆娘尹小薏說，無論是機器或人工，人、風（溫濕度）、水的變數都會影響豬腸粉的品質，製作豬腸粉的蒸氣如同蒸魚的蒸氣一樣重要，會影響到豬腸粉的滑度。是的，薄透細滑就是好腸粉的特質。

中華巷豬腸粉最大特徵便是攤子前疊得老高的藍紅相間盤子，那些盤子像機關槍蓄勢待發的彈鏈，光是這樣便能猜想到假日的「戰況」有多麼激烈。一九七〇年代，中華巷附近有個中華戲院，大概就像臺北西門町，高中生會在假日到此看電影，戲院樓上有可以喝茶的地方，許多人便從中華巷點一些點心讓店家送上樓去，豬腸粉也是其一。後來戲院發生大火，人潮銳減，中華巷便成了逐漸被遺忘的地方。

攤子上的豬腸粉像一張張堆疊的彈力毯，粉皮與粉皮之間的黏著性高，必須以手一張

中華巷猪腸粉

張小心揭下，揭下後置於砧板上對折，再以刀切成細條狀。有「茨廠街第一快刀手」之稱的尹小薏，十九歲便由婆婆手中接下棒子，咚咚咚的落刀聲就這樣四十年如一日。而她穿的POLO衫也跟攤子裡的盤子一樣——只有紅色與藍色，她透露一個相關的小秘密，上工穿紅色、休假穿藍色。

或許你也跟我一樣，以為切豬腸粉哪需要什麼技巧？直到尹小薏讓我自己動手切，我才發現個中門道。速度不夠快的話，豬腸粉會黏在刀面上，手抬起來時，也會因為黏滯感而增加抬刀力道，次數一多、時間一久，手臂就容易痠痛。功力差的刀手，切好的豬腸粉會纏在一塊，不容易吃醬，還要將豬腸粉撥鬆，多一道工序，也就增加作業時間。切豬腸粉要快、狠、準，刀工好的人會讓豬腸粉在切的當下同步鬆開，且寬細一致，借力使力，落在砧板上的力道又足以讓刀自然彈起，減少使勁。

若看過日本手工刀切烏龍麵，會發現切烏龍麵尚且需要固定器，然而帶有油滑感的豬腸粉，卻不靠固定器就能切到寬細一致，更勝一籌。散狀豬腸粉還可以客製化，有的人指定要切得細如髮絲，也有人愛寬版，各異其趣。好的豬腸粉配上厲害刀工，富有彈性的豬腸粉便會在砧板上隨刀跳舞著，一幅輕快景象，人、刀、粉都很開心的樣子。

中華巷豬腸粉

中華巷豬腸粉維持一早現做豬腸粉，
到了檔口再現切淋醬。

包餡與摻料的花式口味

在怡保有一家知名的天津茶室，多數人來此必吃三輪車雞絲河粉，但也別忘了嚐嚐有一甲子歷史的「咸記豬腸粉」。來自廣東番禺的三兄弟，大哥阿標、二哥阿森、三弟阿發感情好，至今共守一個攤度日。即使是小攤子，還是自家磨米漿製作豬腸粉，販售的沙葛豬腸粉是常見的廣東包餡豬腸粉，不同的是，包的不是叉燒、油條或蝦仁，而是紅蘿蔔與沙葛絲，盤飾還擺了菜豆，是他處少見的腸粉組合。

阿森說一開始是賣普通豬腸粉，有一年客人說想吃包沙葛的豬腸粉，後來越來越受歡迎而成為長銷品，攤子上的爐口總有一鍋熬煮中的冬菇汁什麼的，淋在腸粉上，腸粉是冷的、醬汁是熱的，嚐起來就像熱腸粉。

花式版豬腸粉除了上述把餡料像春捲那樣捲在裡頭，另一種則是把料跟粉皮合而為一。在大馬，要是聽到有人說「蝦米粉」，並不是指鮮蝦米粉，而是指蝦米豬腸粉。直接在未成形的米漿中撒入少許蝦米韭菜，粉皮凝結成形的當下，蝦米韭菜也同時黏合其中，看起來就像一塊有花色的布料，這種把料直接摻入米漿的腸粉，難度最高也最費工。

咸記豬腸粉

位於天津茶室的咸記，提供包有沙葛絲等內餡的豬腸粉。

位於金寶、開業於一九六五年的「明記豬腸粉」，是我目前見過最美、最豪華的蝦米韭菜豬腸粉，融合腸粉的白、開陽的橙、韭菜的綠，吃起來粉滑蝦香。三者如此稱職表現並非偶然，第二代負責人羅敬和說，白米要泡上四個半小時，泡軟了才能磨成米漿，米漿用量得是一般腸粉的一倍，粉皮夠厚才能咬得住肥厚的蝦米。再說蝦米，比起第一代羅志明用小蝦米或碎蝦米，他用的可是扎實的大蝦米，就是要客人吃起來有感；而韭菜要能蒸過後仍保持翠綠，就要使用新鮮韭菜，再依著天氣變化、濕度調整水量或火候，如此一來才能成就一份完美腸粉。

明記隱身在巷弄的住戶區內，如非當地人很難知道這家店的存在，但熟門熟路的人一早就來報到，鐵窗旁的木板寫著大大的「叫粉處」，是一早人們為了腸粉廝殺最激烈的地方，早上七點十五分開賣，往往不到九點就賣完。

羅敬和說父親一開始當礦工，後來礦業蕭條才改做腸粉生意，而他不僅繼承父親的手藝，還更加投入，一人備料、一人製作、一人販售，每天都自己一個人跟腸粉為伍。他說：「專心一志做出來的腸粉才會美，心一亂，做出來的腸粉就不行，只要是人做的東西，每次都會不一樣，不行的作品就丟掉。」一人每日重複只做一件事，久而久之投入著迷，甚至能從

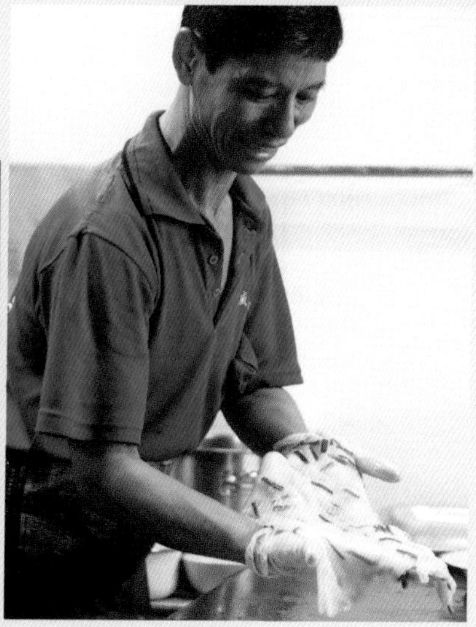

明記豬腸粉

一人做粉、切粉、賣粉，第二代羅敬和把蝦米韭菜豬腸粉做到淋漓盡致。

中悟出什麼來。看他氣定神閒的樣子，彷彿將做豬腸粉當成一種修行，我吃著吃著，也被他的專注深深感動，能在亂世中嚐到這樣一門深入的豬腸粉，實在是珍貴的機緣。我也在心中暗自提醒自己，做事不要貪多，要學會能捨能得。

INFO

吉隆坡中華巷豬腸粉
電話_+6019-3367893
地址_Lorong Bandar 26, Off Jalan Petaling, 50000 Kuala Lumpur.
時間_06:30~15:00（週一休）

怡保咸記豬腸粉
電話_+605-2553076
地址_73, Jalan Bandar Timah, 30000 Ipoh, Perak.（天津茶室內）
時間_週一至週六09:30~16:00、週日09:30~00:00

金寶明記豬腸粉
電話_+6012-5889280
地址_No.27, 1st Avenue, 31900 Kampar, Perak.
時間_07:15~賣完為止（公休依店家公告）

檳城MACALISTER LANE豬腸粉
電話_+6016-4525948
地址_94C, Macalister Lane, 10400 Penang.（小蓬萊茶室）
時間_07:30~12:30

客家河婆擂茶

Hakka Tea Rice

安邦飛來寺擂茶

客家人是華人界公認的刻苦耐勞，當大馬因開採錫礦需要大量人力時，客家人是重要的生力軍，採礦的華人中約有半數是客家人，而有「吉隆坡之父」之稱的葉亞來是廣東惠州客家人，當年他為了躲避太平天國之亂，到南洋當苦力，進而參與了吉隆坡的拓荒史。馬來西亞客家文化協會會長李致行表示，目前大馬客家人約有一百五十萬人，是僅次於福建人的第二大華人族群。可以說，客家人的存在，在大馬歷史中扮演重要的關鍵。

客家食物隨著廣東客、福建客、潮汕半山客的腳步在大馬落地生根，包括釀豆腐、大埔算盤子、河婆擂茶、鹹菜豬肉、茶果等。尤其以釀豆腐知名度最高也最普及，不過我認為從飲食文化角度來看，河婆擂茶比釀豆腐更值得尋究，因為它至少包羅三項重要主題，分別是：河婆人、華人新村與擂茶，單一食物裡可以「吃」到這麼多史地素材，實在很營養。

首先，客家河婆人在大馬華人中是相當獨特的一支族群，雖然人數少，族群自我認同卻很強，而且中國大陸、臺灣也有河婆人，藉此可拉近與河婆人的距離，然而實際上，我從小到大在臺灣生活，還沒

機緣認識河婆人，卻先在大馬認識了河婆人。其次，華人新村對大馬華人具有重要的歷史意義，走進新村等於向大馬華人走近了一步。第三，臺灣、中國大陸、大馬三地都有擂茶，同一款食物在三地展現不同特色，相當耐人尋味。更重要的是，河婆擂茶美味、健康又營養，很值得一嚐。

客家釀豆腐

在中國大陸，釀豆腐算是客家名菜之一，在大馬，最為普遍、影響力最大的客家菜也是釀豆腐；不過在臺灣，釀豆腐的名氣不如以上兩地響亮，做過《客家擂茶的景觀與意象》研究的廖純瑜告訴我，臺灣客家人多居住丘陵地，缺少魚鮮，早年因被日本殖民與戰後物質匱乏，只有過年才有機會吃到肉類，無法製作精緻的釀豆腐，常見的只有乾煎豆腐沾醬油。

釀豆腐的「釀」在客家話中，是「填充」之意，作法是在油豆腐中間挖個洞，把調味過的魚漿或豬絞肉填回再入鍋油炸，食材的品質、手勁，還有調味與配方都會影響口感與風味。炸好的釀豆腐可以當作炸料直接吃，也可以添上熱騰騰高湯當作湯料吃，好的釀豆腐吃起來軟硬適中，鮮甜、彈牙、順口，大馬的古早味釀豆腐會在魚漿或絞肉中加入鹹魚碎，那股鹹香味就是不可取代的客家味，只是現代人因為健康因素不吃鹹魚，店家也為了生意與健康趨勢著想，就順應不放了。

從釀豆腐又可以衍生出各種不同的「釀料」，舉凡羊角豆（秋葵）、苦瓜、青椒、茄子皆可釀，苦瓜把中間的籽挖空了，輪切像個空車胎，就在軸心填滿餡料；秋葵、茄子、青椒或者剖半或者在身上開個長缺口，往空隙處注滿餡料，連封口也抹滿餡料，同樣的餡料，因著苦瓜、青椒這些不同食材，而有不同的口味與樣貌。連馬來人也深受影響而出現馬來版釀料，發音也是與釀豆腐相近的「YONG TAU FOO」。

大馬河婆人

根據臺灣學者藍清水在二〇一七年的博士論文《馬來西亞的河婆人》中提到，馬來西亞華人約有六六四萬人，其中河婆人僅佔百分之二・三，也就是約十五萬人，而全世界河婆人約有三十萬人，其中有一半就在大馬。臺灣也有河婆人，據非正式統計，河婆人與其後裔約有一萬人，多居住在新竹市、新竹縣竹東鎮與屏東市一帶。

在大馬的河婆人以東馬砂勞越的古晉省（Kuching）與美里省（Meri）人數最多，約佔五成左右，其他則居住在西馬霹靂州、雪蘭莪州與柔佛州。東馬的河婆人一開始先以開採金礦為主，金礦枯竭後改從事農業；西馬的河婆人則開採錫礦或到胡椒、香蕉或鳳梨園當長工，還有一部分的人擔任搬運工。

多數人所認知的地名「河婆」，在一九六五年重新劃分行政區域後，已經不復存在了。過去的河婆位於廣東東部，是指潮州地區揭陽縣的霖田都，包括象門、獅頭、南山等六約，現在這個區域納入廣東省揭陽市揭西縣內。現今揭西縣的縣政府所在地名為「河婆街道」（街道是一個鄉級行政區），雖然地名同為「河婆」，但不能含括過去的河婆，絕大多數臺灣與大馬的河婆人是在一九六五年前就離開原鄉，因此本章提到的內容皆是指過去的河婆。

在華人社會裡，同鄉會是很重要的社團組織，是提供鄉人各種資訊管道與交誼的地方，也是凝結向心力的地方。藍清水提到，河婆人在大馬華人裡是相對少數，從地理位置來看，可以歸為潮州人；從語言上來說，可以歸為客家人，說的是河婆腔的客家話，加入潮州同鄉會或客家同鄉會合情合理，不過河婆人卻不往這兩大勢力靠攏，近年河婆人在大馬成立近二十個同鄉會等相關組織，可見他們有很強的族群認同。

臺馬擂茶大不同

不是所有客家人都吃擂茶，也不是所有吃擂茶的都是客家人。在原鄉的客家人中，只有在粵東、贛南、閩西部分區域的客家人有吃擂茶習慣（海豐跟陸豐地區稱為「鹹茶」）；吃擂茶的也不全是客家人，在原鄉部分山區少數民族也吃擂茶。然而為什麼一想到擂茶就聯想到客家人呢？廖純瑜告訴我，客家族群久居崇山峻嶺中，長期與世隔絕，資訊封閉，所以與部分少數民族一樣，較能完整地將擂茶的飲茶習慣世代相傳，而擂茶又隨著客家族群的移民腳步散播，日久之後就成了客家的符碼。

擂茶隨著大批移民來到了大馬，原本只是鄉民間的日常生活飲食，自己享用也用來招待賓客，逐漸廣為大眾熟知與接受，開始有店家以專售擂茶或鹹茶維生，其中又以河婆客的擂茶做得最出色，因此店家招牌經常標榜「河婆擂茶」。河婆與擂茶這兩個名詞就像「海南雞飯」一般黏在一塊了，好像不掛上河婆二字就不正宗似的，只是這並不代表招牌打著「河婆擂茶」的一定是河婆人，我認為經營者只要能夠用心做、口味好，是不是河婆人倒也不那麼必要。

說到河婆擂茶前不免要談談臺灣的「客家擂茶」，這個在一九九八年被創造出來的傳統。臺灣的「客家擂茶」發源地就在新竹縣北埔鄉，當地政府為了活絡觀光產業，就以河婆擂茶原型做為基礎，發想出一套適用於觀光、既能在短時間內自己動手做又能享用成品的套裝文創項目，時至今日，「客家擂茶」已經成為臺灣人眾所周知的客家特色飲品。

臺灣的「客家擂茶」比較講究程序。以北埔一家提供「客家擂茶ＤＩＹ課程」的店家為例，備有螺紋陶缽、番石榴擂棍作為擂茶工具，研磨用食材有綠茶茶葉、芝麻、南瓜子、花生、綜合擂茶粉，另提供小餅乾作為搭配擂茶的茶點。

擂茶步驟是先將茶葉倒入缽中磨碎，再放芝麻磨碎，接著放南瓜子磨碎，最後才是花生，由於堅果類研磨後出油，磨完後的成品呈現黏稠的泥狀，完成後再混入一包綜合擂茶粉，綜合擂茶粉標榜是由二十多種五穀雜糧製作而成，成分包括薏仁、玉米、黑豆、豌豆、紅豆、黃豆、百果、芡實、燕麥、胚芽米、砂糖、杏仁、枸杞、雪蓮子、淮山等，每家配方不盡相同。喝法是在研磨好的成品中倒入熱水，第一先喝原味茶湯，第二加入現成的米粩（爆米香），米粩浮在茶湯上，一邊品飲一邊咀嚼，感受米香氣味。

臺灣的「客家擂茶」與大馬擂茶（鹹茶）最大不同，就是前者是甜的，被視為飲品，經過改編而成；後者是鹹的，當作飯湯主食，屬於原創。只能說這個計畫太成功了，而且北埔鄉百分之九十八以上都是客家人，一般人不疑有他，照單全收，北埔鄉幾乎就成為人人眼中客家擂茶的故鄉了。即便有客家人對於為了觀光需求而改造傳統飲食感到不滿，還有人力圖推廣正宗版擂茶以撥亂反正，仍無法扭轉深植人心的既定印象，全世界若有人對擂茶是鹹的這件事感到無比驚訝，應該就是臺灣人了。即使事後正宗版擂茶問世，也並未帶給臺灣人鬧雙胞的困擾，反而另取了一個新名詞，叫做「擂鹹茶」以便與原本的擂甜茶區隔，「客家擂茶」的江湖地位完全不受撼搖。

河婆擂茶可以一口湯、一口飯吃，也可以做成茶泡飯式吃。

至於大馬的河婆擂茶跟潤餅一樣，作法不難、備料很難，主要分為擂茶料、飯與配菜三部分，各家配方略有差異。擂茶料有花生、芝麻、九層塔、樹仔菜（Sweet Leaf Bush）、薄荷葉、中國茶、苦刺心（三葉五加）等。配菜則有芹菜、豆乾、韭菜、蔥、紅蔥頭、九層塔、四季豆、菜脯、花生等，每樣都切得細碎如顆粒狀，或炒或炸，豆乾、韭菜、蔥、四季豆等炒妥，花生、紅蔥頭則炸好備用。

擂茶料中的芝麻跟花生要分別炒香，葉菜類不取莖只取葉，樹仔葉水炒備用。若是手工擂茶則很多講究，選用帶有螺紋的陶缽、擂棍則以番石榴樹幹製成，按順時針方向轉動，先擂茶葉再擂芝麻，等芝麻擂成糊狀後再擂花生，接著依序放入其他配料擂碎。有的人會在擂磨好的茶泥中加入適量的鹽，也有人茶湯不放鹽，而是在配菜放鹽調味，也有的不放鹽，光用菜脯或蝦米作為調味，最後沖入適量熱開水稀釋調勻，這樣茶湯就算完成了。

白飯需用碗公裝盛，碗公不能裝滿，大概裝七分就好，選用碗公是因為既可以鋪滿配菜，還可以留餘裕給注入的茶湯，白飯等量鋪上各式配菜，一樣一樣像鋪草皮似的，再搭配一碗茶湯，就是一套擂茶餐。它的吃法很隨興，吃法一是「乾濕分離」，吃一口飯、喝一口湯；吃法二是「先乾後濕」，先吃乾飯與配菜，半途再把茶湯倒入飯中變成茶泡飯；吃法三是「茶泡飯」，把茶湯直接倒入飯中吃飯湯。無論哪一種吃法都非常好吃，加入了油蔥酥、花生或蝦米碎，不僅增加油脂量，也拉升了口感跟鮮鹹的立體感，每一種食材在口中分別咀嚼，像是認識不同食材的不同個性，合在一起吃又集苦、甘、鹹、香、甜於一身，茶湯裡的蔬菜多數燙炒過，不帶生野的草腥味，吃完腸胃很舒服。

從臺馬兩地的擂茶來看，相同處在於擂茶工具，兩地與原鄉同樣使用帶有螺紋的缽，螺紋可增加研磨時的摩擦力，而且同樣以番石榴木作為擂棍，番石榴木質地硬，降低耗損，適合研磨。也同樣使用到芝麻、花生與茶葉等食材，食材入缽的順序大致相同，最後也同樣沖入熱水。

此外，兩地各自保留了擂茶很重要的精髓，臺灣捨棄了飯跟菜，強化了擂的過程；大馬捨棄了擂的過程，保留了飯湯的型態。李致行說擂茶的製程費時費力，至少要擂上二十分鐘，即使是壯漢也擂不了多久就氣喘吁吁。根據我的觀察，現在大馬擂茶店幾乎都用調理機攪打擂茶料，不過既然名為「擂茶」，擂是以手研磨的意思，不擂了還能叫作擂茶嗎？

臺灣詩人葉日松的客家新詩〈客家擂茶〉中提到：「千擂萬擂／擂出客家人真正介（的）面目／千擂萬擂／擂出客家人介（的）韌性……」，我認為菜色是擂茶的形貌，擂才是擂茶的本質，是擂茶的重要關鍵也是美麗的過程，在這過程中能細細感受不同食材在缽裡，隨著手勁輕重緩急、隨著時間，碎裂出油的樣貌與迸發香氣，一層一層地滲出蔓延，有先來的跟後到的，而先來跟後到的又融合一體，圓圓滿滿。

臺灣擂茶強化了擂的過程，這些日常不過的食材，透過手動研磨而有了貼身接觸，而有了感情，擂有形的是菜、擂無形的是心性，如同書寫前的磨墨，心浮氣躁哪能擂得好呢？擂的過程得要心無旁鶩，一心一意，氣定神閒。我建議大馬擂茶店不僅不要簡化，還要強化擂的過程，就像日本烏龍麵專賣店那樣架個透明櫥窗，觀賞職人現場製麵，烏龍麵加了個「手作」，層次就大不同；客家擂茶店不妨也架個透明櫥窗，觀賞專人現場擂茶，不只一人擂，三人擂五人擂，把擂茶視為河婆人珍貴傳統工藝，突顯價值感，而價值感又能反映在價格上，這樣應該就可以維持傳統又兼顧生計吧。

臺灣擂茶簡化且省略多數的配料，而且選用的配料多是可長久保存的五穀雜糧；大馬河婆擂茶則維持傳統，強調現採現做，住家周遭總會種植一些九層塔、樹仔菜、苦刺心，在擂茶裡加入了四角豆（翼豆）、樹仔菜這類東南亞常見食材，強化食物的地緣性，還放了原鄉不會放進擂茶的蝦米，大馬學者王潤華認為，這些都為大馬河婆擂茶添上了獨特的南洋味。

我第一次嚐到大馬河婆擂茶時，便為它深淺色澤、形狀的葉菜所著迷，有一股純粹的美，也很符合現代飲食潮流趨勢，可說是半吃半喝的精力湯。但願河婆擂茶也能像河婆人一樣，雖然是少數，卻能憑靠不服輸、堅定的精神發揚光大。

鑽進新村吃擂茶

一九五〇年代，英國殖民政府為阻斷馬來西亞共產黨在資源上的奧援，把原本散居在郊區的平民百姓「集中管理」，最後成了一個個受政治人為因素影響而非自然形成的村落，這樣的村落被稱為「新村」，村子裡除了華人，也包括少數馬來人與印度人，只是半數新村的華人人數超過七成，因此又稱為「華人新村」。

在一九五〇年至一九五四年間，英國殖民政府把超過五十四萬散居在鄉野的華人，強迫遷移到約四百五十個新村裡，這些新村多數分布在西海岸，以霹靂州與柔佛州數量最多。新村築高牆圍籬並設有鐵絲網，出入有關卡，居民出入受到時間管制，也要接受人身盤查，直到一九六〇年才解除管制。短短數年內倉皇建構起來的新村，卻一直延存至今超過一甲子，有些新村受到都市開發影響，間接受惠而成為高度開發的區域；有些新村則因為地處偏遠，人口大量外移，屋舍荒廢而逐漸走向沒落衰敗。

住在實兆遠的新村裡的朋友Eddy告訴我，他八十歲母親憶起當年，新村並不像臺灣眷村有事先蓋好的屋舍，只能把自己原本在田野間的房子拆了，搬到新村內重新組裝，遺缺的部分再另購建材補齊。我問：「既然已經解除管制，為什麼不走？」他說：「雖然新村距離原本耕地遙遠，不過住久了也就慣了，形成社群生活圈後再回到鄉野裡也缺乏安全感，而且新村漸漸也有小學、雜貨店、私人診所、警察局等，基本生活機能齊備。更重要的是政府給了地契、房契，確確實實有了自己的家。」

籍貫與地域性

臺灣人常掛嘴邊的「族群」，指的是本省人、外省人、原住民等各種不同族群，但大馬人認為這些都是華人，是同一個族群，對他們來說，「族群」是指國內的印度人、馬來人與華人，至於福建人、廣東人、海南人這些只能算籍貫不同。

不同籍貫的人，有些會明顯聚集在某些城市或地區，如福建移民多聚集在檳城，廣東移民多聚集在怡保，而許多福州移民聚集在東馬詩巫、西馬實兆遠，潮州移民多聚集在麻坡，至於客家人，早年聚集在錫礦區，像怡保周邊小鎮、安邦等，只要有錫礦的地方幾乎都有客家人的足跡。

那麼河婆擂茶與華人新村有什麼關係呢？前述提到，西馬河婆人多數居住在西馬霹靂州、雪蘭莪州與柔佛州，從事錫礦開採或從事農作，因此多居住於郊區，郊區正是華人新村最密集的地方，也就是說，多數河婆人住到了新村裡，許多新村因為沒有受到都市化、觀光化的影響，較能保留傳統食物的原貌。儘管在吉隆坡也吃得到擂茶，甚至有新款擂茶是把白飯換成涼麵，新潮有變化，然而想找傳統擂茶，還是得往華人新村裡鑽。

霹靂州金寶過去是錫礦主要產地，在金寶有錫礦工業博物館，還有知名的拉曼大學，拉曼大學的校園內有許多美麗湖泊，那些湖泊並非大自然產物，低陷的窪地是採錫礦之後的礦坑，經過雨水積累後就成了湖泊。金寶有一個叫做「也南」的華人新村，居民以客籍為主，這也與當年採礦的地緣性有關，也南新村以河婆人居多，村裡還建有河婆同鄉會，同鄉會旁一家「長城茶餐室」有攤賣了二十年的無名河婆擂茶，老闆就是河婆人。

擂茶的材料與作法大致如前所述，擂的部分是使用調理機，為保持鮮度，茶泥一次不做多，視人潮狀況準備份量，茶湯不會氧化變色。擂茶裡使用到的葉菜全由自家栽種，老闆帶著我到附近的菜園逛，有九層塔、樹仔菜、薄荷葉等植栽，隨摘即有，吃得新鮮又安心。除了擂茶，還能吃到釀豆腐等釀料，這擂茶無論是備料或擺盤都相當細緻，早晨若能來上一碗，是非常美好的事情。我與友人前往探尋的當天，雖然客人不算多，但老闆卻忙裡忙外，原來是村裡學校把擂茶列為課外教學，要讓下一代也能重視跟自己密切相關的傳統飲食文化，這就是傳承。

另一家要介紹的店同樣位於新村，是位於雪蘭莪州安邦新村的「飛來寺擂茶」。老闆劉金發的父親是廣東惠州客、母親是廣東海陸豐客，海陸豐客稱擂茶為「鹹茶」，劉金發說鹹茶備料繁複，現代人想吃卻不一定有時間做，他的母親鹹茶做得好，週末一到，就有街坊鄰居央請她「代客擂茶」，後來太受歡迎，乾脆搬到店頭賣，原本一週只賣一天，現在增加至三天，他補充，因為「擂茶」知名度較高，為了讓客人一看便知，因此把鹹茶改稱擂茶。

也南河婆擂茶

也南華人新村的河婆擂茶也兼賣釀豆腐、釀料等食物，可做為擂茶的配菜。

飛來寺擂茶正如其名，攤子就位在飛來寺旁，找得到飛來寺就等於找到這家店，這裡最特別的是擺法，擂茶擺成像馬來知名的椰漿飯，盤子中間是飯、四周圍著不同的菜，無疑為「客家菜馬來化」做出最好的詮釋——把擂茶「椰漿飯（nasi lemak）」化了。

擂茶料有中國茶、九層塔、苦刺心、花生；配菜有油菜、蒜頭豆乾、角豆、油炸蝦米碎、辣菜脯與花生；白飯則撒上炸過的紅蔥頭末一起炊煮，有油炸蝦米碎與辣菜脯的畫龍點睛，吃起來格外開胃，再搭配攤子上其他炸料，就是熱鬧豐富又營養的一餐。

INFO

安邦飛來寺擂茶
電話_+6016-9559115
地址_972A, Jalan 17, Kampung Baru Ampang, 68000 Ampang, Selangor.
時間_週二、六、日販賣擂茶08:00~14:00（週一、三休）

金寶也南河婆擂茶
電話_+6014-6006178
地址_No. 281, Jalan Tokong, Kampung Baru Jeram, 31850 Kampar, Perak.（長城茶餐室）
時間_07:00~14:00

飛來寺擂茶除了擂茶以外，也販賣魚餅等配菜。

・怡保

同樂軒肉骨茶
電話_+6012-9329323
地址_36, Jalan Seenivasagam, Kampung Jawa, 30450 Ipoh, Perak.
時間_11:45~14:30、17:00~22:00

陳記肉骨茶
電話_+6012-6460046
地址_No.51, Medan Soon Choon 1, Jalan Raja Dr. Nazrin, 31350 Ipoh, Perak.
時間_11:00~15:00、18:00~21:00

BiBi Popiah
電話_+6016-5009348; +6016-5046873
地址_Lengkok Canning, Taman Canning, 31400 Ipoh, Perak.（冬菇亭美食中心）
時間_18:00~22:30（公休依店家公告）

國泰茶餐室
電話_+605-5481577
地址_17A, Jalan Dato Tahwil Azhar, 30300 Ipoh, Perak.
時間_07:30~16:30

利興發
電話_+605-5481577
地址_14, Jalan Panglima, 30000 Ipoh, Perak.
時間_週日至週五11:00~22:00、週六15:00~22:00

南香白咖啡
電話_+6012-5888766
地址_2, Jalan Bandar Timah, 30000 Ipoh, Perak.
時間_06:00~17:00（公休依店家公告）

江氏白咖啡
電話_+605-3233589
地址_No.171, Jalan Pasir Puteh, 31650 Ipoh, Perak.
時間_08:00~24:00

長江白咖啡茶舖
電話_+605-2538896
地址_7, Jalan Windsor, 30250 Ipoh, Perak.
時間_09:00~18:00

新源隆茶室
電話_+605-2414601
地址_15A, Jalan Bandar Timah, 30000 Ipoh, Perak.
時間_06:00~17:30

咸記豬腸粉
電話_+605-2553076
地址_73, Jalan Bandar Timah, 30000 Ipoh, Perak.（天津茶室內）
時間_週一至週六09:30~16:00、週日09:30~00:00

金粉炒粉檔
電話_+6016-5999404
地址_Jalan Panglima, 30000 Ipoh, Perak.（建國茶餐室）
時間_06:30~14:00（公休依店家公告）

金寶

ZUL Popia
電話_+6019-4657766
地址_Dataran Kampar, Jalan Balai, 31900 Kampar, Perak.（金寶巴士站旁）
時間_14:00~18:30（公休依照店家公告）

也南河婆擂茶
電話_+6014-6006178
地址_No. 281, Jalan Tokong, Kampung Baru Jeram, 31850 Kampar, Perak.（長城茶餐室）
時間_07:00~14:00

旺角魚生粥
電話_+6012-5713177; +6018-5791821
地址_Jalan Baru, Taman Tasik Emas, 31900 Kampar, Perak.（金鷹食物中心）
時間_11:00~15:00

明記豬腸粉
電話_+6012-5889280
地址_No.27, 1st Avenue, 31900 Kampar, Perak.
時間_07:15~賣完為止（公休依店家公告）

蹲凳蚶蛋粉
電話_+6012-7211019
地址_Jalan Masjid, 31900 Kampar, Perak.（金寶巴剎小食中心32號）
時間_08:30~14:00（公休依照店家公告）

・安邦

樂園雞飯
電話_+603-42919884
地址_158, Jalan Besar, 68000 Ampang, Selangor.
時間_10:30~15:00、17:30~20:30

新新茶餐室
電話_無
地址_103, Jalan Besar, 68000 Ampang, Selangor.
時間_05:00~15:30（週五休）

附錄

·檳城

蓮記薄餅
電話_+616-4376683
地址_40-48, Lebuh Cecil, 10300 George Town, Penang.（七條路巴刹47號鋪）
時間_07:30~17:00（隔週二休）

多春茶座
電話_無
地址_ Lebuh Campbell, 10100 George Town, Penang.
時間_08:00~18:30

海安飯店
電話_+604-2274751
地址_No.53-55, Burma Road, 10050 Penang.
時間_12:30~20:00（週一休）

薯傳福建麵
電話_+6016-4556600
地址_219, Lebuh Kimberly, 10100 Penang.（良友茶室）
時間_平日07:30~11:30、週六日07:30~12:00

老青屋蝦麵
電話_+6016-4211717
地址_133-A, Burma Road, 10500 Penang.
時間_18:00~01:00

MACALISTER LANE豬腸粉
電話_+6016-4525948
地址_94C, Macalister Lane, 10400 Penang.（小蓬萊茶室）
時間_07:30~12:30

七條路巴刹赤腳仙炒粿條
電話_無
地址_40-48, Lebuh Cecil, 10300 George Town, Penang.
時間_12:00~17:30（公休依店家公告）

柴燒炒粿角
電話_+6016-4383477
地址_Lebuh Kimberley, 10100 Penang.（汕頭街與日本橫街交界附近）
時間_07:00~11:00

阿海現煮粿條湯
電話_+6017-4667309
地址_Lebuh Kimberley, 10100 Penang.
時間_18:00~20:00（週五休）

老溫豬腸粥
電話_+6012-4686005
地址_26-28, Jalan Chowrasta, 10100 Penang.（天天來飲食中心前）
時間_07:00~11:00（週一、五休）

台牛後福建蠔乾粥
電話_+6016-4851010
地址_Block 20-G-03, Lintang Slim, 11600 Penang.（聯成茶餐室）
時間_06:45~14:30（初一、十五休）

大山腳舉豐粿什店
電話_+6012-5733670
地址_Jalan Pasar, 14000 Bukit Mertajam, Penang.（伯公埕／玄天廟旁）
時間_05:00~11:00、18:00~23:00

大山腳阿慶炒粿條
電話_+6019-5722710
地址_2741, Jalan Kulim, 14000 Bukit Mertajam, Penang.
時間_07:00~01:30

·太平

拉律馬登熟食小販中心64號薄餅
電話_無
地址_Jalan Panggung Wayang, 34000 Taiping, Perak.（拉律馬登熟食小販中心64號鋪）
時間_14:00~19:30（週五休）

拉律馬登熟食小販中心63號炒魚丸粿條
電話_無
地址_Jalan Panggung Wayang, 34000 Taiping, Perak.（拉律馬登熟食小販中心63號鋪）
時間_08:00~17:30（公休依店家公告）

日新茶餐室
電話_+605-8083250
地址_78-80, Jalan Pasar, 34000 Taiping, Perak.
時間_週一至週六08:00~21:00、週日09:00~17:00（週四休）

華順煙花炒粿條
電話_無
地址_13, Medan Pasar, Simpang, 34700 Taiping, Perak.
時間_19:30~23:30（週日休）

·芙蓉

潮州滑雞飯

電話_+606-7624357
地址_50, Jalan Kapitan Tam Yeong, 70000 Seremban, Negeri Sembilan.（再豐茶餐室）
時間_12:30~17:00

財記魚丸粉

電話_+6012-6643525
地址_No.1, Jalan Utam Singh, 70000 Seremban, Negeri Sembilan.（美麗都茶餐室）
時間_07:00~14:00（隔週四休）

和記魚丸粉

電話_+6012-6019111
地址_No.37, Kompleks Penjaja, Jalan Lee Sam, 70000 Seremban, Negeri Sembilan.
時間_08:00~15:00（公休依店家公告）

·馬六甲

潮州肉骨茶

電話_+6012-3240700
地址_363, Jalan Melaka Raya 4, Taman Melaka Raya, 75000 Melaka.
時間_08:00~14:00（週一休）

Baba Low

電話_+606-2831762
地址_486, Jalan Tengkera, 75200 Melaka.
時間_7:30~16:00（週五休）

春興薄餅

電話_無
地址_Jalan Bunga Raya, Melaka.（貴婦人Madam king購物中心前）
時間_12:00~20:00

和記雞飯團

電話_+606-2834751
地址_No.4,6&8, Jalan Hang Jebat, 75200 Melaka.
時間_09:00~15:00

興海南雞飯糰

電話_+606-2883312
地址_536, Jalan Melaka Raya 1, Taman Melaka Raya, 75000 Melaka.
時間_平日10:00~15:00、週六日09:00~17:00

隆安茶室

電話_+6012-6972255
地址_807, Lorong Hang Jebat, 75200 Melaka.
時間_平日08:00~16:00、週六日08:00~14:00（週四休）

Jalan Kuli Satay

電話_+6012-2582972
地址_47, Jalan Tun Tan Cheng Lock, Taman Kota Laksamana, 75300 Melaka.（東街納大樹腳美食中心）
時間_11:30~16:00（週二休）

郭氏潮州沙嗲（McQUEK's）

電話_+6012-6062993
地址_231, Jalan Parameswara, Bandar Hilir, 75000 Melaka
時間_17:00~00:30（公休依店家公告）

·麻坡

烏達烏達炒粿條

電話_+6012-2724298
地址_52, Jalan Ali, 84000 Muar, Johor.（國泰333飲食坊）
時間_09:30~17:00（週二休）

亞龍菜頭粿

電話_+6012-9126999
地址_Jalan Yahya, 84000 Muar, Johor.
時間_05:00~賣完為止

阿德水粿

電話_+606-9538650
地址_Jalan Yahya, 84000 Muar, Johor.
時間_06:30~11:30（公休依店家公告）

潮州無名潮州粿

電話_+6019-3080008
地址_Jalan Haji Abu, 84000 Muar, Johor.
時間_11:00~18:00

亞清粿什

電話_+6012-6624410
地址_23, Jalan Yahya, 84000 Muar, Johor.（華南茶室內）
時間_07:30~11:00

亞迪沙嗲

電話_+6012-6115590
地址_Jalan Haji Abu, 84000 Muar, Johor.
時間_11:00~19:00（週一、二休）

亞九沙嗲

電話_+6016-9514962、+6012-6062215
地址_Jalan Haji Abu, 84000 Muar, Johor.
時間_11:00~19:00（週一休）

飛來寺擂茶
電話_+6016-9559115
地址_972A, Jalan 17, Kampung Baru Ampang, 68000 Ampang, Selangor.
時間_週二、六、日販賣擂茶08:00~14:00（週一、三休）

·吉隆坡

何九茶店
電話_+6019-2086838
地址_Lorong Panggong, Off Jalan Petaling, 50000 Kuala Lumpur.
時間_06:00~15:30（週日休）

Sisters Crispy Popiah
電話_+6012-6280690
地址_Jalan Kijang, Pudu, 55100 Kuala Lumpur.（ICC Pudu）
時間_06:30~13:30（週一休）

PappaRich
電話_+603-28560961
地址_T-237A&B, 3rd Floor, The Gardens Mall, Lingkaran Syed Putra, Mid Valley City, 59200 Kuala Lumpur.
時間_週日至週四09:00~22:00、週五、週六09:00~22:30

中華巷豬腸粉
電話_+6019-3367893
地址_Lorong Bandar 26, Off Jalan Petaling, 50000 Kuala Lumpur.
時間_06:30~15:00（週一休）

金蓮記福建麵美食館
電話_+603-20324984
地址_No.49, Jalan Petaling, 50000 Kuala Lumpur.
時間_11:00~23:00

肥仔嘜
電話_+6016-2739216
地址_Lorong Bandar 5, off Jalan Sultan, 50000 Kuala Lumpur.
時間_16:30~19:30（週六休）

鎰記
電話_+6012-3241616
地址_No.1, Jalan Kamunting, 50300 Kuala Lumpur.
時間_07:30~16:30（週一休）

·八打靈再也

一心閣肉骨茶(已歇業)
電話_+6016-6589579
地址_No.23, Jalan SS4D/2, People's Park, 47301 Petaling Jaya, Selangor.
時間_週一06:30~16:00、週二至週日06:30~21:30

陳明記燒臘
電話_+6012-6881972
地址_44, Jalan SS2/66, 47300 Petaling Jaya, Selangor.
時間_08:30～19:30（隔週一休息）

·巴生

盛發肉骨茶
電話_+6012-3098303
地址_9, Jalan Besar, 41000 Klang, Selangor.
時間_07:30~12:30、17:30~20:30

德地肉骨茶
電話_無
地址_27, Jalan Stesen 1, 41000 Klang, Selangor.
時間_07:00~12:00

中國酒店
電話_+603-33710996
地址_5, Jalan Stesen, 41000 Klang, Selangor.
時間_週一至週六06:30~18:00、週日或例假日07:00~14:00

昌和茶餐室
電話_+603-33422469
地址_1&3, Lorong Gopeng/KU1 Dataran Ocean, 41400 Klang, Selangor.
時間_07:00~18:00（週日休）

潮興飯粥店
電話_+603-33724028
地址_21, Jalan Stesen 1, 41000 Klang, Selangor.
時間_12:00~15:00（週日休）

潮州炒粥
電話_+6016-6868579
地址_32&34, Lorong Lang, Taman Berkeley, 41150 Klang, Selangor.
時間_17:30~01:30（隔週一休）

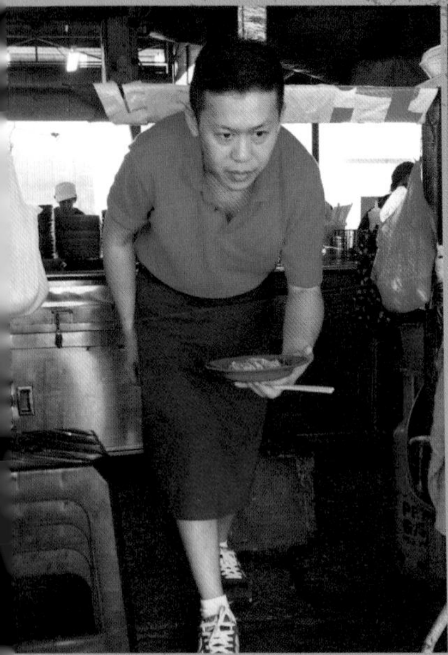

BABAS

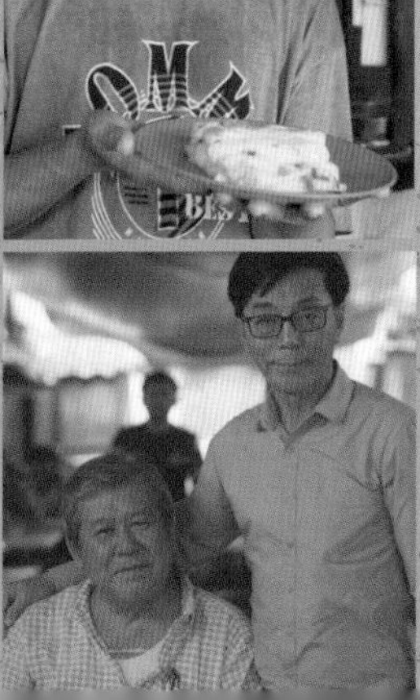

LOHAS・樂活

啊，這味道：深入馬來西亞市井巷弄，嚐一口有情有味華人小吃

2018年5月初版　　定價：新臺幣480元
2018年6初版第二刷

著者	陳靜宜
攝影	陳靜宜
編輯主任	陳逸華
叢書主編	林芳瑜
叢書編輯	林蔚儒
整體設計	鄭佳容

出版者	聯經出版事業股份有限公司
地址	新北市汐止區大同路一段369號1樓
編輯部地址	新北市汐止區大同路一段369號1樓
叢書主編電話	(02)86925588轉5318
台北聯經書房	台北市新生南路三段94號
電話	(02)23620308
台中分公司	台中市北區崇德路一段198號
暨門市電話	(04)22312023
郵政劃撥	帳戶第0100559-3號
郵撥電話	(02)23620308
印刷者	文聯彩色製版印刷有限公司
總經銷	聯合發行股份有限公司
發行所	新北市新店區寶橋路235巷6弄6號2F
電話	(02)29178022

總編輯	胡金倫
總經理	陳芝宇
社長	羅國俊
發行人	林載爵

行政院新聞局出版事業登記證局版臺業字第0130號

本書如有缺頁，破損，倒裝請寄回台北聯經書房更換。　　ISBN 978-957-08-5104-5 (平裝)
聯經網址 http://www.linkingbooks.com.tw
電子信箱 e-mail:linking@udngroup.com

國家圖書館出版品預行編目資料

啊，這味道：深入馬來西亞市井巷弄，嚐一口有情有味華人小吃/陳靜宜著・攝影．初版．新北市．聯經．2018年5月（民107年）．272面．17×23公分
（LOHAS・樂活）
ISBN 978-957-08-5104-5（平裝）
[2018年6月初版第二刷]

1.飲食風俗　2.餐飲業　3.馬來西亞

538.78386　　107004370